财务管理理论与会计实践应用

刘淑娟 张 洁 卢 文◎主编

吉林大学出版社
·长春·

图书在版编目(CIP)数据

财务管理理论与会计实践应用 / 刘淑娟，张洁，卢文主编. -- 长春：吉林大学出版社，2021.4

ISBN 978-7-5692-8214-6

Ⅰ. ①财… Ⅱ. ①刘… ②张… ③卢… Ⅲ. ①财务管理②会计学 Ⅳ. ①F275②F230

中国版本图书馆CIP数据核字(2021)第077451号

书　　名　财务管理理论与会计实践应用
　　　　　CAIWU GUANLI LILUN YU KUAIJI SHIJIAN YINGYONG
作　　者　刘淑娟　张洁　卢文　主编
策划编辑　李伟华
责任编辑　李伟华
责任校对　张维波
装帧设计　黄诗琪
出版发行　吉林大学出版社
社　　址　长春市人民大街4059号
邮政编码　130021
发行电话　0431-89580028/29/21
网　　址　http://www.jlup.com.cn
电子邮箱　jdcbs@jlu.edu.cn
印　　刷　武汉清霆彩印有限公司
开　　本　787mm×1092mm　1/16
印　　张　13.75
字　　数　220千字
版　　次　2022年1月　第1版
印　　次　2022年1月　第1次
书　　号　ISBN 978-7-5692-8214-6
定　　价　58.00元

前言

随着全球经济环境日趋复杂化，企事业单位的财务管理逐步走向完善，企业对财务管理人员的要求也随之日益提高。

财务管理是在一定的整体目标下，关于资产的购置（投资）、资本的融通（筹资）和经营中的现金流量（营运资金）以及利润分配的管理。它是根据财经法规制度，按照财务管理的原则，组织企事业单位财务活动，处理财务关系的一项经济管理工作。在企事业单位管理当中，财务管理是一项涉及面广、综合性和制约性都很强的系统工程。它是通过价值形态对企事业单位资金流动进行计划、决策和控制的综合性管理，是企事业单位管理的核心内容。

财务管理也是一门应用性、实践性很强的课程，是高等院校经济学类专业、金融类专业、管理学类专业的核心课程之一。自20世纪90年代初西方财务与会计理论引入以来，我国财务与会计领域发生了重大变革，从事财务管理教学和研究的学者不断增加，我国财务管理教学和研究以及实践应用实现了跨越式发展，成果斐然。这是市场经济发展的内在需求使然。这种学科发展态势和丰富的成果积淀为财务管理模式研究提供了深厚的理论支持，同时也对新的研究提出了更高的要求。

另外，会计的工作是日常财务工作的基础，会计实务是企事业单位经营过程中会计核算的全过程，会计岗位是会计核算工作的核心岗位。这一岗位的特殊地位，决定了其工作人员必须具备系统的专业理论知识、较强的专业分析与判断能力，能够结合经济业务实际和经营管理的需要，正确运用会计准则，恰当处理各项交易与事项，为投资者、债权人及企业管理层提供对经济决策有用的信息。

对于财务管理理论与会计实践应用来说,财务管理者不仅要对理论有一个较为透彻的理解,也需要对财务管理和会计工作有清晰的认知。因此,我们需要与时俱进,随着时代的发展而进行不断的完善,促进企事业单位财务管理和会计工作的健康发展,从而进一步促进我国经济的发展。

目 录

第一章 财务管理基本理论与方法

第一节 财务管理概述

财务，简单而言，就是理财的事务，或指企业、机关、事业单位和其他经济组织的资金及其运动。财务管理，本质上就是资金管理，它是关于资金的筹集、运用和分配等所有管理工作的总称。从企业管理角度看，财务管理是指企业组织财务活动，处理财务关系的一项经济管理工作。因此，要理解财务管理的基本概念，必须先分析财务活动及财务关系。

一、企业财务活动

（一）筹资活动

企业组织商品活动必须以一定的资金为前提。也就是说，企业从各种渠道以各种形式筹集资金，是资金运动的起点。所谓筹资，是指企业为了满足投资和用资的需要，筹措和集中所需资金的过程。在筹资过程中，企业一方面要确定筹资的总规模，以保证投资所需要的资金；另一方面要通过筹资渠道、筹资方式或工具的选择，合理确定筹资结构，以降低筹资成本和风险。

从整体上看，任何企业都可以从两方面筹资并形成两种性质的资金来源：①企业自有资金，它是企业通过向投资者吸收直接投资、发行股票、企业内部留存收益等方式取得的，其投资者包括国家、法人、个人等；②企业债务资金，它是企业通过向银行借款、发行债券、应付款项等方式取得的。

企业筹集资金：一是表现为企业资金的流入；二是表现为企业资金的流出，如企业偿还借款、支付利息、股利以及支付各种筹资费用等。这种因为资金筹集而产生的资金收支便是由企业筹资而引起的财务活动，是企业财务管理的主要内容之一。

（二）投资活动

企业取得资金后，必须将资金投入使用，以谋求最大的经济效益，否则筹资就失去了目的和效用。企业投资可分为广义投资和狭义投资两种。广义的投资是指企业将筹集的资金投入使用的过程，包括企业内部使用资金的过程（如购置流动资产、固定资产、无形资产等）以及对外投放资金的过程（如投资购买其他企业的股票、债券或与其他企业联营等）；狭义的投资仅指对外投资。无论企业购买内部所需资产，还是购买各种证券，都需要支付资金。而当企业变卖其对内投资形成的各种资产或收回其对外投资时，则会产生资金的收入。这种因企业投资而产生的资金收付，便是由投资而引起的财务活动。

企业在投资过程中必须考虑投资的规模，也就是在怎样的投资规模下，企业的经济效益最佳。企业也必须通过投资方向和投资方式的选择确定合理的投资结构，以提高投资效益、降低投资风险。所有这些投资活动都是财务管理的内容。

（三）资金营运活动

企业在日常生产经营过程中会发生一系列的资金收付。首先，企业要采购材料或商品，以便从事生产和销售活动，还要支付工资和其他营业费用；其次，当企业把产品或商品售出后，便可取得收入，收回资金；最后，如果企业现有资金不能满足企业经营需要时，还要采取短期借款方式来筹集所需资金。上述各方面都会产生企业资金的收付，这就是因企业经营而引起的财务活动，也称资金营运活动。

企业的营运资金主要是为满足企业日常营业活动的需要而垫支的资金。营运资金的周转与生产经营周期具有一致性。在一定时期内，资金周转越快，就越是可以利用相同数量的资金生产出更多的产品，取得更多的收入，获得更多的利润。因此，如何加速资金周转、提高资金利用效率，也是财务管理的主要内容之一。

(四)分配活动

企业通过投资(或资金营运活动)取得收入,并相应实现资金的增值。分配总是作为投资的结果而出现的,它是对投资成果的分配。投资成果表现为取得各种收入,并在扣除各种成本费用后获得利润。因此,广义的分配是指对投资收入(如销售收入)和利润进行分割和分派的过程,而狭义的分配仅指对利润的分配。①

企业通过投资取得的收入首先要用以弥补生产经营耗费,缴纳流转税,其余部分为企业的营业利润。营业利润、投资净收益和营业外收支净额等构成企业的利润总额。利润总额首先要按国家规定缴纳所得税,净利润要提取公积金和公益金,分别用于扩大积累、弥补亏损和改善职工集体福利设施,其余的利润作为投资者的收益分配给投资者或暂时留存企业或作为投资者的追加投资。值得说明的是,企业筹集的资金归结为所有者权益和负债两个方面,在对这两种资金分配报酬时,前者是通过利润分配的形式进行的,属于税后分配;后者是通过将利息等计入成本费用的形式进行分配的,属于税前分配。

随着分配过程的进行,资金或者退出或者留存企业,它必然会影响企业的资金运动,这不仅表现在资金运动的规模上,而且表现在资金运动的结构上,如筹资结构。因此,在依据一定法律原则的情况下,如何合理确定分配规模和分配方式以使企业的长期利益最大,也是财务管理的主要内容之一。

上述财务活动的四个方面不是相互割裂、互不相关的,而是相互联系、相互依存的。正是上述互相联系又有一定区别的四个方面构成了完整的企业财务活动,这四个方面也就是企业财务管理的基本内容。

二、企业财务关系

企业的财务活动是以企业为主体来进行的,企业作为法人在组织财务活动过程中,必然与企业内外部有关各方发生广泛的经济利益关系,这就是企业的财务关系。企业的财务关系可以概括为以下七个方面。

---

①安彬,李侠.财务管理理论与实践的风险管理分析[J].老字号品牌营销,2021(02):93-94.

第一,企业与国家行政管理者之间的财务关系。国家的行政管理者——政府担负着维护社会正常的秩序、保卫国家安全、组织和管理社会活动等责任。政府为完成这一任务,必然无偿参与企业利润的分配,企业则必然按照国家税法规定缴纳各种税款,包括所得税、流转税和计入成本的税金。这种关系体现为一种强制和无偿的分配关系。

第二,企业与投资者之间的财务关系。这主要是指企业的所有者向企业投入资本所形成的所有权关系,企业的所有者主要有国家、个人和法人单位,它具体表现为独资、控股和参股关系。企业作为独立的经营实体,独立经营,自负盈亏,实现所有者资本的保值与增值。所有者以出资人的身份参与企业税后利润的分配,体现为所有权性质的投资与受资的关系。

第三,企业与债权人之间的财务关系。这主要是指债权人向企业贷放资金,企业按借款合同的规定,按时支付利息和归还本金所形成的经济关系,企业的债权人主要有金融机构、企业和个人。企业除利用权益资金进行经营活动外,还要借入一定数量的资金,以便扩大企业经营规模、降低资金成本。企业同债权人的财务关系在性质上属于债务与债权关系。在这种关系中,债权人不像资本投资者那样有权直接参与企业经营管理,对企业的重大活动不享有表决权,也不参与剩余收益的分配,但在企业破产清算时享有优先求偿权。因此,债权人投资的风险相对较小,收益也较低。

第四,企业与受资者之间的财务关系。这主要是指企业以购买股票或直接投资的形式向其他企业投资所形成的经济关系。随着市场经济的不断深入发展,企业经营规模和经营范围的不断扩大,这种关系将会越来越广泛。企业与受资方的财务关系体现为所有权性质的投资与受资的关系。企业向其他单位投资,依其出资额,可形成独资、控股和参股等情况,并根据其出资份额参与受资方的重大决策和利润分配。企业投资最终目的是取得收益,但预期收益能否实现,也存在一定的投资风险。

第五,企业与债务人之间的财务关系。这主要是指企业通过用资金购买债券、提供借款或商业信用等形式出借给其他单位所形成的经济关系。企业将资金借出后,有权要求其债务人按约定的条件支付利息和归还本金。企业同其他债务人的关系体现为债权与债务关系。企业在提供信用的过程中,一方面会产生直接的信用收入,另一方面也会发生相应的机会成本和坏账损失的风险,企业必须考虑两者的对称性。

第六,企业内部各单位之间的财务关系。这主要是指企业内部各单位之间在生产经营各环节中相互提供产品或劳务所形成的经济关系。在企业内部实行责任预算、责任考核与评价的情况下,企业内部各责任中心之间相互提供产品与劳务,应以内部转移价格进行核算。这种在企业内部形成的资金结算关系体现了企业内部各单位之间的利益均衡关系。

第七,企业与职工之间的财务关系。这主要是指企业向职工支付劳动报酬过程中所形成的经济关系。职工是企业的劳动者,他们以自身提供的劳动作为参加企业分配的依据。企业根据劳动者的劳动情况,用其收入向职工支付工资、津贴和奖金等,体现了职工个人和集体在劳动成果上的分配关系。

三、财务管理的特点

随着时代的迅速发展,财务管理表现出涉及面广、综合性强、灵敏度高等特点。

(一)涉及面广

财务管理的涉及面广有两方面。首先就企业内部而言,财务管理活动涉及企业生产、供应、销售等各个环节。企业内部各个部门与资金不发生联系的现象是不存在的。每个部门也都在合理使用资金、节约资金支出、提高资金使用率方面接受财务的指导,受到财务管理部门的监督和约束。同时,财务管理部门本身为企业生产管理、营销管理、质量管理、人力物资管理等活动提供及时、准确、完整、连续的基础资料。其次,现代企业的财务管理也涉及企业外部的各种关系。在市场经济条件下,企业在市场上进行融资、投资以及收益分配的过程中与各种利益主体发生着千丝万缕的联系,主要包括企业与其股东之间、企业与其债权人之间、企业与政府之间、企业与金融机构之间、企业与其供应商之间、企业与其客户之间及企业与其内部职工之间的联系等。

(二)综合性强

现代企业制度下的企业管理是一个由生产管理、营销管理、质量管理、技术管理、设备管理、人事管理、财务管理及物资管理等诸多子系统构成的复杂系统。其他管理都是从某一个方面并大多采用实物计量的方法,对企业在生产经营活动中的某一个部分实施组织、协调控制,所产生的管理效果只能对企业生产经营的局部起到制约作用,不可能对整个企业的营运实施管理。财务管理则不同,作为一种价值管理,它包括筹资管理、投资管理、权益分配管理及成本管理等,这是一项综合性较强的经济管理活动。正因为是价值管理,所以财务管理通过资金的收付及流动的价值形态,可及时、全面地反映商品物资运行状况,并可通过价值管理形态进行商品管理。也就是说,财务管理渗透在全部经营活动之中,涉及生产、供应、销售每个环节,以及人、财、物各个要素。因此,做好企业内部管理,必须以财务管理为突破口,通过价值管理来协调促进、控制企业的生产经营活动。

(三)灵敏度高

在现代企业制度下,企业成为面向市场的独立法人实体和市场竞争主体。企业经营管理的目标为经济效益最大化,这是现代企业制度要求投入资本实现保值增值所决定的,也是社会主义现代化建设的根本要求所决定的。因为企业要想生存,必须能以收抵支、到期偿债。企业要发展,必须扩大收入。收入增加意味着人、财、物相应增加,都将以资金流动的形式在企业财务上得到全面反映,并对财务指标的完成发生重大影响。因此,财务管理是一切管理的基础、管理的中心。抓好财务管理就是抓住了企业管理的关键,管理也就落到了实处。

四、财务管理的理论体系

财务管理是随着经济的发展而发展并逐渐成熟的。财务管理实务已有悠久的历史,但财务管理理论的出现则较晚。根据现有资料可知,社会主义制度下的财务管理学,是20世纪40年代苏联科学院院士费·吉亚琴科教授倡导与创建的。在西方,直到20世纪50年代,才形成比较规范的财务管理理论。中国的财务管理理论研究,是从20世纪60年代才开始的。

理论来源于实践，同时，理论又指导实践和预测实践，理论与实践在发展中相互影响。研究财务管理理论结构一个十分重要的问题就是从何处入手，以什么作为逻辑推理的出发点。

财务管理研究的逻辑起点是财务理论体系能否得以构建的关键所在。从逻辑学的角度来看，任何理论的研究起点都应是其原本点（即原始出发点），并且原本点应当是具体的。理论上，作为应用理论经济学科，财务管理研究的原始出发点就是对“什么是财务、什么是财务管理”的认知。实践中，对财务管理本原的认知必定影响财务管理主体的行为，并使主体在不同时间和空间下，不断对财务管理研究对象做出反应。

财务管理理论研究的起点，长期以来就是一个有争议的问题，学者们从财务管理理论研究起点的内生性与理论适应性等角度加以设定，并形成了多种观点。最具代表性的观点为“假设起点论”“目标起点论”“本金起点论”“本质起点论”“环境起点论”。

（一）本质起点论

长期以来，我国财务管理的理论研究以“财务的本质”为起点，从这一起点出发，逐次阐述财务的概念、财务管理的对象、财务管理的原则、财务管理的任务、财务管理的方法等一系列理论问题。我国著名财务学家郭复初教授认为，这种观点形成于20世纪80年代，当时对财务的存废问题存在很大争议，财务管理理论工作者在形成财务独立论的过程中，从财务的本质研究出发，奠定了财务理论的基石。

进入20世纪90年代，我国有些学者对其进行了系统论证，指出财务本质的规定性决定了财务的独立性、财务的种种独特形态，乃是奠定财务独立存在的客观基础。从建立和完善财务管理学科体系来看，对财务的本质进行科学的定义是必要的，认为将财务本质作为财务管理理论研究的逻辑起点是必要的，主要原因如下。

第一，在把抽象上升到具体的认识过程中，必须从反映事物最基本、最抽象、最简单的规定性出发，才能把事物各个方面的规定性统一起来，达到多样性的统一认识。财务管理本质作为关于财务管理实践的一般规定性的范畴，是财务管理理论研究所揭示的最终结果，是财务管理理论要素中最一般、最抽象、最简单的一个，所以从此出发，并沿着从一般到个别、从抽象到具体、从简单到复杂的路径，才能把其他财务管理理论要素再现出来，达到有机统一，形成理论体系。相比之下，其他每个财务管理理论要素包括财务管理假设、财务管理目标、财务管理对象、财务管理环境等在内，都是关于财务管理实践某个要素的具有多样性、规定性的具体范畴，所以均不能成为财务管理理论体系的逻辑起点。

第二，本质是事物的内在联系，是由事物内部的矛盾构成的，是一事物区别于其他事物的根本性标志。因此，财务管理本质是财务管理活动区别于其他管理活动、区别于其他学科的根本标志。从这个意义上讲，财务管理学之所以能够成为一门科学，其关键就在于它把揭示财务管理本质作为其研究的根本任务；否则，就不能成为科学。财务管理假设、财务管理目标、财务管理对象、财务管理环境等要素虽然也都是财务管理活动区别于其他管理活动、区别于其他学科的标志，但是由于它们均是财务管理实践的某个要素，并从某个特定方面来表现财务管理本质，因而并非根本性标志。

第三，本质从总体上规定了事物的性能和发展方向，复杂的现象从不同方面表现了事物的本质。只有抓住了事物的本质，才能正确认识和把握事物发展的规律。可见，本质在科学认识活动中占有重要地位，发挥着重要作用。因此，正确地认识和把握财务管理的本质，对于其他财务管理理论要素的建立和发展乃至整个财务管理理论体系的构建，均有着非常重要的作用。正如美国审计学家尚德尔认为的那样：定义是柱石，是人们研究每一门学科及其理论的基础。一旦建立了恰当的定义，知识的本体就能够得以确定。明确了财务管理本质，才能演绎推论出财务管理的目标、设立财务管理的假设、确立财务管理原则。

但以财务的本质作为理论研究的起点，只能解决什么是财务、什么是财务管理这些纯理论的问题，不能解决为什么进行财务管理这一研究与财务管理实践密切相关的问题，也不可能有效地指导财务管理实践。因此，以财务的本质作为财务管理理论的起点，会阻碍财务管理应用理论的发展，不利于财务管理理论体系的完善。

(二)假设起点论

这种观点是近年来人们在借鉴会计理论研究方法的基础上形成的。持这种观点的人认为:任何一门独立学科的形成和发展,都是以假设为逻辑起点的,然而在财务学中却忽略了这一点。财务管理假设是财务管理理论结构中一个非常重要的问题。财务研究史上以假设为起点的研究不乏例证:1961年莫迪格莱尼(Modiliani)和米勒(Miller)教授提出MM股利无关论,该理论是在完善的资本市场、“理性行为”和“充分确定性”等严密的假设下,论证了股利政策和企业价值不相关。MM股利理论研究的贡献不仅在于提出了一种崭新的理论,更重要的还在于对理论成立的假设条件进行了全面系统的分析。但是MM理论所依赖的假设与现实世界有一定的差距,这使财务学家们可以通过对假设条件放宽的实证研究来检验各种假说,主要做法包括放宽有效市场假设、放宽信息完备假设、放宽交易成本为零假设和理性行为假设等。

有效市场假说是一个关于理财行为的环境假设。肯德尔(Kendall)、萨缪尔森(Samuelson)、法玛(Fama)等学者对有效市场假设进行认真分析后,得出决策所对应的信息的类型不同,资本市场的有效性也不同,可分为三种形式:强式有效市场、中强式有效市场和弱式有效市场。在随后进行实证研究时,人们只对弱式有效性和中强式有效性进行验证。

对于没有税赋和交易成本为零的假设,学者们在考虑税赋因素之后,可以检查现实世界中股利政策对企业价值的影响。信息经济学和博弈论的新成果打破了财务理论中的信息对称、信息完全等假设,把信息不对称理论(包括委托—代理理论、逆向选择理论、道德风险理论和信号理论等)应用到有效市场理论、新资本结构理论、最优财务决策理论、股利理论的研究中,使财务理论与实践更贴切。

行为学中人的非理性观念打破了财务理论中的理性经济人假设,将人的行为纳入财务理论研究之中,产生了独特的行为财务学派,提出了“人制造了差异”的口号,近年来经理管理防御下的财务政策问题研究也渐渐涌现。总之,以假设作为理论研究的起点多站在巨人的肩膀上,放宽假设条件,对财务活动进行深入研究。虽然许多学者取得了骄人的成果,但这也值得商榷,因为财务管理假设不是凭空捏造的,也不是天生就有的,而是根据财务管理环境和财务管理的内在规律概括出来的,并且假设条件的设置是为了更好地揭示财务活动规律。显然,环境决定假设,财务活动规律是主导因素。

但以财务管理假设作为财务管理理论研究的起点还存在一些问题。这是因为:①财务管理假设不是凭空捏造的,也不是天生就有的,而是根据财务管理环境和财务管理的内在规律概括出来的,显然,环境决定假设,而不是假设决定环境。②即使是过去一直以假设为理论起点的会计学,进入20世纪70年代,也逐渐放弃了这种观点,改用其他范畴作为会计理论研究的起点。可见,并不是任何学科、任何时候都以假设作为理论研究的起点。

(三)本金起点论

这是我国著名财务管理学家郭复初教授近年提出的一种观点。郭复初教授早在20世纪90年代初即已形成此观点,并于90年代后期明确提出了这一观点。他认为,财务活动包括筹资、投资、耗费、收入和分配,经济组织进行的本金筹集、投资、耗费(成本)三项可概括为本金的投入;收入与分配两项可概括为本金的收益,整个财务活动由本金的投入和收益两大方面构成。另外,本金、基金分流理论为界定财务的内涵与外延提供了理论支持。本金是各类经济组织或个人为进行生产经营活动而垫支的资金,基金是国家行政组织与非企业单位为实现其职能而筹集和运用的资金。本金和基金是国民经济中既相互区别又相互联系的两类资金。从物质性来看,本金的物质内容是各种生产要素,在生产经营活动中以各种经营性资产的形态表现出来,基金的物质内容是各种社会消费品。从运动性来看,本金运动是循环周转式的运动,基金是一收一支式的运动。从社会性来看,在本金运动中所形成的经济关系主要是本金所有者、企业、经营者之间的产权关系与收益分配关系;在基金运动中形成的经济关系主要是国家、社会与行政事业单位之间以及行政事业单位与各经济组织、个人之间的分配关系。财务是企业或个人再生产过程中本金的投入与收益活动,并形成特定的经济关系。

本金作为财务资金的代名词已成为财务理论的核心概念，财务资金运动已成为财务理论的核心。以本金作为基本细胞并从此开始研究，有利于从小到大、层层展开，从而构成完整的财务管理理论体系。加强对本金的管理与研究，对于保证本金的合理流动和保值增值也有着十分重要的作用。

尽管如此，把本金作为构建财务管理理论体系的逻辑起点也存在一些问题。首先，以本金作为财务管理理论研究的出发点，实际上还是探讨财务的本质问题，同本质起点论类似；其次，如果根据郭复初教授对本金的定义，认为本金的筹集、投资、耗费（成本）是本金的投入，那么本金和资金、资本的含义并没有根本上的差别；最后，财务管理的对象与财务管理理论研究的对象显然是两个不同层次上的问题，正如森林不是造林学的研究对象一样。本金属于前者，而这里所研究的逻辑起点则属于后者。可见，把本金作为逻辑起点就违背了科学的思维方法。以本金作为财务理论研究的出发点，实质上还是探讨财务的本质问题，与本质起点论并无实质性差异，仍然没有完全跳出理论范畴，没有最优地解决理论与实践的接口问题，不能有效地指导财务管理实践，不利于财务理论体系的完善。

第二节 财务管理对象和内容

一、财务管理的对象

财务管理学研究的对象是经济活动中的资金运动，是对资金的管理，是一种价值形态的管理。核心是对资金及其运动的有效管理，通过对资金运动的管理促使企业价值的最大化。财务管理学科着重对资本的取得、资本的运用、资本收益的分配等财务问题进行研究，为理财人员提供了必备的财务理论知识和实务操作方法。

财务管理的本质：财务管理是价值运动的一种形式，它的具体活动体现为货币关系。在此基础上,我们进一步认识到,财务管理的本质是通过各种具体的资金运转体现出来的。企业在对各种财务管理关系的组织过程中,通过一系列财务管理运作使企业资金顺利周转,从而达到价值最大化的目的。因而,可以认为财务管理对象即为资金运动。由于受资金运动本身多样性的影响,决定了企业财务管理对象的多种特征和多样化的表现形式。

二、财务管理的内容

(一)财务管理的环节

企业财务管理一般包括财务预测、财务决策、财务预算、财务控制、财务分析五个环节,它们相互配合、相互联系,共同构成了一个完整的财务管理体系。

1.财务预测

财务预测是企业根据财务活动的历史资料,考虑现实条件与要求,运用特定方法对企业未来的财务活动和财务成果做出科学的预计或测算。财务预测是进行财务决策的基础,是编制财务预算的前提。

财务预测所采用的方法主要有以下两种:①定性预测。定性预测是指企业在缺乏完整的历史资料或有关变量之间不存在较为明显的数量关系时,专业人员进行的主观判断与推测。②定量预测。定量预测是指企业根据比较完备的资料,运用数学方法,建立数学模型,对事物的未来进行预测。实际工作中,通常将两者结合起来进行财务预测。

2.财务决策

决策即决定。财务决策是企业财务人员按照企业财务管理目标,利用专门方法对各种备选方案进行比较分析,并从中选出最优方案的过程。它不是拍板决定的瞬间行为,而是提出问题、分析问题和解决问题的全过程。正确的决策可使企业起死回生,错误的决策可导致企业毁于一旦。因此,财务决策是企业财务管理的核心,其成功与否直接关系到企业的兴衰成败。①

①高丹丹.基于ERP环境下集团公司财务管理优化模式[J].财会学习,2021(04):20-21.

财务决策过程主要包括以下步骤:①确定决策目标。由于各种不同的决策目标所需的决策分析资料不同,所采取的决策依据也不相同,因此只有明确决策目标,才能有针对性地做好各个阶段的决策分析工作。②提出备选方案。根据决策目标,运用一定的预测方法,对所搜集的资料进行进一步加工、整理,提出实现目标的各种可供选择的方案。③选择最优方案。备选方案提出后,根据决策目标,通过一定的方法,分析、评价各种方案的经济效益,进行综合权衡,从中选择出最优方案。

3.财务预算

财务预算是指企业运用科学的技术手段和数量方法,对未来财务活动的内容及指标进行综合平衡与协调的具体规划。财务预算是以财务决策确立的方案和财务预测提供的信息为基础进行编制的,是财务预测和财务决策的具体化,是财务控制和财务分析的依据。它贯穿于企业财务活动的全过程。

4.财务控制

财务控制是在财务管理过程中,利用有关信息和特定手段,对企业财务活动所施加的影响和进行的调节。实行财务控制是落实财务预算、保证预算实现的有效措施,也是绩效考评与奖惩的重要依据。一般而言,财务控制要经过以下几个步骤。

第一,制订控制标准,分解落实责任。按照责权利相结合的原则,将预算任务以标准和指标的形式分解落实到车间、科室、班组乃至个人。这样,企业内部各个单位、每位职工都有明确的工作要求,便于落实责任,检查考核。

第二,实施追踪控制,及时调整误差。在日常财务活动中,应采取各种手段对资金的收付、费用的支出、物资的占用等实施事前控制。凡是符合标准的,就予以支持,并给予机动权限;凡是不符合标准的,则加以限制并进行处理。在预算执行过程中,还应对结果与目标的差异及时进行调整,以便预算得以顺利执行。在执行过程中,要详细记录预算的执行情况,将实际数与预算数或其他标准数进行对比,考察可能出现的变动趋势,确定差异的程度和性质,明确造成差异的责任归属,随时调节掌握进度,以消除差异,顺利实现预算指标。

第三,分析执行差异,进行考核奖惩。企业在一定时期终了时,应对各责任单位的预算执行情况进行分析、评价,考核各项财务指标的执行结果,把财务指标的考核纳入各级岗位责任制,运用激励机制,实行奖优罚劣。

5.财务分析

财务分析是根据企业核算资料,运用特定方法,对企业财务活动过程及其结果进行分析和评价的一项工作。财务分析既是本期财务活动的总结,也是下期财务预测的前提,具有承上启下的作用。通过财务分析,可掌握企业财务预算的完成情况,评价财务状况,研究和掌握企业财务活动的规律,改善财务预测、财务决策、财务预算和财务控制,提高企业财务管理水平。一般而言,财务分析包括以下步骤。

第一,占有资料,掌握信息。开展财务分析首先应充分占有相关资料和信息。财务分析所用的资料通常包括财务预算等计划资料、本期财务报表等实际资料、财务历史资料以及市场调查资料等。

第二,指标对比,揭露矛盾。对比分析是揭露矛盾、发现问题的基本方法。财务分析要在充分占有资料的基础上,通过数量指标的对比来评价企业业绩,发现问题,找出差异。

第三,分析原因,明确责任。影响企业财务活动的因素有生产技术方面的、生产组织方面的、经济管理方面的、思想政治工作方面的、企业内部的和企业外部的。这就要求财务人员运用一定的方法,从各种因素的相互作用中找出影响财务指标的主要因素,以便分清责任,抓住关键。

第四,提出措施,改进工作。财务分析要在掌握大量资料的基础上,去粗取精,去伪存真,由此及彼,由表及里,找出各种财务活动之间以及财务活动同其他经济活动之间的本质联系,然后提出改进措施。措施应当明确具体,切实可行,并通过改进措施的落实,推动企业财务管理的发展。

（二）财务管理的组织机构和管理模式

1.企业组织形式及其财务特征

企业采用何种组织形式，不仅影响企业的财务组织结构，而且还影响企业筹资、纳税、分配以及财务决策等诸多方面。在我国，法律允许的企业组织形式有四种类型：独资企业、合伙企业、股份有限公司和有限责任公司。

（1）独资企业

独资企业是指依法在中国境内设立，由一个自然人投资，财产为投资者个人所有，投资人以其个人财产对企业债务承担无限责任的经营实体。

独资企业规模一般很小，不具有法人资格，是由个人拥有并独立经营，业主独享营业利润，独担失败风险，这是最早、最原始、最简单的企业形式。

独资企业的财务优势在于：①单独出资，不受他人干扰，业主承担企业的全部盈亏责任，生产经营的积极性高，经营灵活，决策速度快，能够适应消费者各种分散的需求。②它的设立程序不复杂，设立的费用也不高。

独资企业的财务劣势在于：①业主个人要对企业的全部债务负责，风险大。如果独资企业被起诉，那么业主也会成为被告，并且承担无限连带责任，这意味着业主私人的全部财产同企业的全部财产一样可能被强制用于抵债。②个人财力有限，难以大规模地经营与发展。企业资本来源单一，筹集资金很困难，所以企业规模一般较小，难以承担大规模的经营项目。因为独资企业的生存与发展在很大程度上依赖于业主个人，所以独资企业不像其他形式的企业，对贷款人有那么强的吸引力。③独资企业可能无法享受政府对法人组织给予的税收等优惠政策和法人制度带来的其他好处。个人独资企业比较适合于零星分散的小规模经营，在个体农业、手工业、零售商业以及服务行业和自由职业中所占比例较大。

（2）合伙企业

合伙企业是指两个或两个以上合资经营的企业，合伙人对企业的全部债务共同承担无限责任。

合伙企业里,由于所有的合伙人都负无限责任,而且他们对债务负连带责任,在大多数正式的约定或合伙契约中都载明了下列内容:各个合伙人的权利、合伙企业利润的分配方法、每个合伙人的投资额、吸收新合伙人的程序、在某个合伙人死亡或退出时合伙企业重组的程序等。

合伙企业的财务优势在于:①合伙企业财务主体所有权主体与经营权主体合二为一,每个合伙人既是合伙企业的所有者,又是合伙企业的经营者,这样可以发挥每个合伙人的专长,提高合伙企业的管理水平和决策水平。②与独资企业相比,合伙企业的一个潜在优势是可以筹集更多的资金。在合伙企业里,不仅有不止一个的所有者提供资金,而且贷款人也更愿意把资金贷给合伙企业,因为合伙企业的自有资金相对较多。③合伙人对企业的全部债务共同承担无限责任,有助于增强合伙人的责任心。

合伙企业的财务劣势在于:①合伙人的意见难免存在分歧,容易延误决策。②合伙企业财务不稳定性大,如果出现合伙人之一死亡或退出等情况,那么合伙企业就可能面临不稳定的局面。③财力仍然有限,而且每一合伙人退出或死亡而接纳新的合伙人时,必须重新建立合伙协议,从而限制了企业的发展。

合伙企业一般适用于规模较小的企业,特别适用于那些业主的个人信誉和个人责任具有较大重要性的企业,如律师事务所、会计师事务所和资产评估事务所等。

(3)股份有限公司

公司是指依照《中华人民共和国公司法》设立的以盈利为目的的企业法人。在我国,公司制企业具体分为两种类型,即股份有限公司和有限责任公司。所以,我们也可以说,独资企业和合伙企业都是非公司制企业。

股份有限公司,简称股份公司,是指全部资本为等额股份,股东以其所持股份为限对公司承担责任,公司以其全部资产为限对公司的债务承担责任的企业法人。

股份有限公司的基本特征如下:①公司的资本总额平分为金额相等

的股份。②股东以其认购的股份对公司承担有限责任,公司以其全部资产对公司债务承担责任。③经批准,公司可以向社会公开发行股票,股票可以交易或转让。④股东数不得少于规定的数目,但没有上限。⑤每一股有一表决权,股东以其持有的股份享受权利,承担义务。

股份有限公司的财务优势在于:①股东所负责任有限。股份有限公司独立于所有者而依法存在。公司所有者的责任仅以其投资额为限,而无须对这些债务承担无限责任。因此,所有者的私人资产不会被强制用以偿还股份有限公司的债务。有限责任是股份有限公司比独资企业和合伙企业的优越之处。②股份有限公司可以以自己的名义筹集资金,股份有限公司的所有权是用股份作为证明的。股东的股份占股份有限公司流通在外的总股份的比例代表了股东对股份有限公司所有权拥有的比例。这些股份可以很容易地进行转让,这也是股份有限公司的另一个重要优点。③可集合大量资本,控制更多的社会资本,经营大规模的企业,增强企业在市场上的竞争地位。

股份有限公司的财务劣势在于:①股东数量多,流动性大,不易掌控,大量小股东对公司缺乏责任感,在财务业绩欠佳时,会转让、出售手中持有的股份。②财务信息透明度高,上市公司要求详细披露公司的重大经营信息,会对企业管理层经营带来压力。

(4)有限责任公司

有限责任公司,简称有限公司,是指两个以上股东共同出资组建,股东以其出资额为限对公司承担责任,公司以其全部资产对公司的债务承担责任的企业法人。

有限责任公司的基本特征如下:①公司的全部资产不分为等额股份。②公司向股东签发的是出资证明书(股单),不发行股票。③公司股份的转让有严格限制。④股东人数受限制,不得超过一定限额。⑤股东以其出资比例,享受权利,承担义务。

有限责任公司的财务优势在于:①财务结构比较稳定。执行业务的投资者,如果没有得到全体投资者的同意,不能将其出资额转让给他人;不执行业务的投资者,如果没有得到全体投资者半数同意,也不能将其出资转让给他人。②投资风险较小。各投资者对公司所负的责任,仅以其出资额为限,倘若公司破产或在民事诉讼案中败诉,股东损失至多为其投资额。这就是所谓的有限责任。

有限责任公司的财务劣势在于:与股份有限公司相比,虽然较非公司制企业来说可集合大量资本,经营大规模企业,但不能通过发行股票控制更多的社会资本,不利于增强企业在市场上的竞争地位。

2.财务管理的机构设置

从理论上讲,财务管理必须有组织保证,为了完成企业财务管理目标,必须通过一定的组织机构,把财务活动的各要素、各环节和各方面,科学合理地组成一个整体,以充分发挥它们的作用。因此,财务管理的组织机构是企业财务管理的一个重要前提条件。财务管理机构的设置决定于企业组织形式及其组织结构。

在西方国家的企业中,一般设置财务副总经理来主管企业的财务会计工作,在其下面设置两位主要管理人员:一位是财务长或财务主任;另一位是主计长或总会计师。我国现代企业的财务管理组织机构,应结合我国国情,吸收西方企业二元化结构,实行财会机构分设。

由于财务管理在决策中的核心作用,CFO(Chief Financial Officer,财务总监)在企业组织层中具有较高的位置。董事会由股东大会选出的董事组成,是公司的常设机构,也是公司管理、决策的最高业务执行机构,对内是组织管理的领导机构,对外是经营活动的全权代表。总经理由董事会委任或招聘,对董事会负责。总经理既要代表公司从事日常业务活动,又要对业务活动的效率及结果负全责。总经理提请聘任或解聘公司副总经理,在这些主要副总经理中有一个CFO,他负责制定企业的主要财务政策,与其他副总经理沟通,提出在其他领域里主要决策中的财务问题,确定应向他报告的财务负责人的职责,并对会计经理和财务经理进行直接领导。

财务总监的财务权限主要包括:①贯彻国家有关财务政策;②审核重要财务事项;③协调各职能部门、基层单位和财务部门之间的关系;④组织制定财务预算并负责对预算方案的实施检查;⑤负责组织财务核算、审核财务决算;⑥分析预测企业日常经营过程中的资金需求量,科学地调度资金;⑦在一定数量范围内,有直接筹资、用资的权利,向总经理提出有关筹资和投资的政策、策略、建议,为总经理的财务决策提供信息。

各级财务部门在财务管理上的权限和责任:在财务总监的领导下,负责公司财务预算的编制、执行、检查、分析;制定公司内部财务管理方法;监督公司财务开支;开展大量的调查、分析,对企业日常资金需求量进行具体的计划、预测,及时提供信息;从理财角度参与公司日常的资产管理、成本管理工作。为了明确公司财务部门在财务管理上的权限和责任,必须在机构上把财务与会计分开。同时,财务部门内部必须按财务管理的职能或内容分为几个分部。如按职能可划分为规划部、经营部、财务分析与评价部;按内容划分为筹资部、投资部、利润分配部、信用部等。各部门的工作相互配合、相互衔接,共同履行财务部门的理财职责。

3.财务管理模式

随着市场经济的不断发展,对企业微观财务管理模式的研究逐渐加强,学者们大多研究企业内外各方面的财责、财权及财利的确定与划分。对企业集团财务管理模式的研究也是近几年才不断发展起来,这是中国经济发展的客观要求。集团财务管理模式按决策管理权的下放程度可分为:集权型财务管理模式、分权型财务管理模式和相融型财务管理模式。

(1)集权型财务管理模式

集权型财务管理模式体现了对母公司的财务活动进行全过程控制的观念,它是指企业集团中的母公司相关财务管理部门拥有下属子公司的全部财务决策权、控制权和管理权,对子公司进行高度集权下的统一规划和管理;而各子公司必须严格执行集团公司的决议,仅仅进行短期财务规划和日常财务管理,其所需的资金数额也由母公司相关财务管理部门统一核定,并且按照母公司统一制定的成本、费用开支范围和标准安排使用。其特点为:集中管理,规范一致,统一核算,统一调配资金,统一财务制度与财务管理标准。

在这种体制下,母公司财务部门成为集团公司财务的“总管”,不但参与决策和执行决策，在特定情况下还直接参与子公司的财务执行过程，子公司在财务上被设定为母公司的二级法人。

第一，集权型财务管理模式的优势。

集权型财务管理模式财务决策权的高度集中，决定了其具有以下优势：①易于实现资源共享，集团公司较容易调动内部财务资源，实现资源的合理配置。②易于实现优势互补，对集团产品结构、组织结构的整体优化，有利于降低成本，取得规模效益。③易于降低财务费用，提高公司信贷的信用等级，扩大信用。财务集中管理可以使集团内部融通资金、盘活资金、提高资金使用效率，减少对银行的资金需求量，同时降低财务费用。集团内各子公司通过集中管理后不再单独与银行发生信贷关系，而是以企业集团的名义进行信贷活动，从而扩大了企业集团的对外信用。④易于提高财务管理效率，集团总部能全方位地控制子公司的财务行为。⑤易于获取经济效益最大化。特别是对于那些生产型的跨国集团公司，采用集权型财务管理模式，有利于实行集团内部调拨价格，有利于集团内部采取避税措施及防范汇率风险。

第二，集权型财务管理模式的弊端。

正是由于财务决策权的高度集中，决定了其具有以下弊端。

首先，决策信息不灵，造成低效率。最高决策层远离经营现场，信息掌握不全易造成决策低效率，一旦重大决策失误，会给集团公司造成极大损失。

其次，灵活性较差，难以应付复杂多变的环境。由于决策集中、效率降低，应对市场变化的能力大大降低，子公司往往“一统就死”，不能根据市场环境的变化迅速做出反应，容易贻误经营机遇。

再次，制约了子公司理财的积极性和经营自主性、创造性，导致集团缺乏生机和活力。由于对子公司高度的集权，有可能部分剥夺子公司的经营自主权，甚至有可能侵犯其独立法人的地位。

最后，不利于母公司进行战略管理。母公司财务管理的重点在于战略上，事无巨细地对子公司的日常经营活动与财务活动进行管理，影响集团整体的长远规划和发展。

作为一种极端的财务管理体制,集权型财务管理模式主要适应于以下几个方面的企业集团:①企业集团的规模不大,且处于组建初期,因此需要通过集权来规范子公司的财务行为。②子公司在整体集团中的重要性使母公司不能对其进行分权,如子公司是母公司的原料供应或采购公司或是母公司产品的销售公司。③子公司的管理能力较差,需要母公司加大管理力度。④生产业务比较单一。即使有多元化的经营,也是主业的延伸或者直接服务部门。⑤生产型的跨国集团公司。

(2)分权型财务管理模式

在分权型财务管理模式下,母公司只保留对子公司重大财务决策事项的决策权或审批权,而将日常财务决策权与管理权完全下放到子公司,子公司只需将一些决策结果报请母公司备案即可,因此子公司相对独立,母公司不干预子公司的生产经营与财务活动,其对子公司的管理强调的是结果控制,即对子公司完成受托责任的情况进行考核与评价。这种财务管理模式运用的关键是:母公司如何通过合理的考核与评价来对子公司进行激励与约束,使子公司能够按照母公司所确定的战略发展方向开展经营活动。

分权并不意味着母公司对子公司的所有权利都下放,母公司为了发挥企业集团的协同效益,应该按重要性原则对集团控股公司与子公司的财务控制、管理、决策权进行适当划分。

对于战术性问题,如成本管理、费用控制、营运资金管理等日常事务及小型投资、筹资项目,由各成员企业自行运作管理,集团控股公司给予宏观指导。对于方向性、战略性的问题,母公司必须集中精力搞好市场调研,制订集团规划,把握集团发展方向,拥有对子公司的重大财务事项决策权。

在财务机构的设置方面,母子公司均设立独立的财务部门。母公司财务部门负责集团整体的财务战略与预算管理,负责对各子公司的业绩评价与考核。子公司设立独立财务机构,接受母公司财务部门的业务指导,但它不是母公司的派出机构,不受母公司的直接领导,只就所在公司的经营业绩进行定期报告。

第一,分权型财务管理模式的优势。

分权型财务管理模式的特点决定了其具有以下优点:①有利于调动各子公司的积极性和创造性。由于财务分权本身就是一种激励,各子公司在拥有一定的财务自主权后,其各方面的积极性和创造性必然较高。②财务决策周期短,决策针对性强,应付市场变化的能力强。各子公司在授权范围内可以直接做出决策,不需要事事进行“上”与“下”之间的信息沟通,从而减少决策程序,提高效率。③通过分权,母公司的经营风险和财务风险得以分散,母公司的管理者也有时间和精力进行集团发展的战略管理。④由于子公司负责人有权对影响经营成果的因素进行控制,加之身在基层,了解情况,有利于针对企业问题及时做出有效决策,因地制宜地搞好各项业务。同时,也有利于培养子公司的资金成本意识和风险意识,使之更谨慎地分配和使用资金。⑤分权管理实质上是把决策权恰当地下放到比较接近信息源的各个子公司层面,避免了信息传递和传递过程中的控制问题。

第二,分权型财务管理模式的弊端。

分权型财务管理模式的特点决定了其具有以下弊端。首先,子公司有较大的经营自主权,使集团公司财务权利的行使受到一定影响,对不同子公司之间的资源调动将受到各子公司财务自主权的制约,不利于资源共享和资源的优化配置。其次,过度分权增加了整个集团生产经营过程中的矛盾与不协调性,影响规模经济效益的发挥,导致内部资源配置上的重复浪费,造成集团整体实力及市场竞争力的下降。最后,容易造成“本位主义”。各子公司大多从本位利益出发安排财务活动,缺乏全局观念和整体意识,从而导致资金管理分散、资金成本增大、费用失控、利润分配无序。

(3)相融型财务管理模式

相融型财务管理模式是一种集权与分权相结合的模式,这种模式强调结果的重要性,对可能出现的财务控制点倾注力度,实行关键点控制。这些关键的财务控制点包括借款额度管理、资产变卖管理以及重大的资金调度管理等。这种模式不同于集权模式,它不是过程管理,而是关键点控制。同时,它又强调结果管理控制,吸取了分权模式的优点。

根据母公司权力集中程度的不同,相融型财务管理模式又可分为权力相对集中型与权力相对分散型两种形式。相对集权型模式一般适用于发展初期的企业集团,而相对分权型的模式则适用于发展相对成熟,并且规模较大的企业集团。

第一,以集权为主、分权为辅的财务管理体制。

权力相对集中型的模式主要体现了集权制的优点,同时还能避免由于权力过度集中而造成的下属企业缺乏积极性和活力的现象。这有利于母公司对各子公司实施有效的控制,尤其适用于处于发展初期的企业集团。而权力相对分散型的模式则是发展相对成熟,并且规模较大的企业集团的选择。这种模式不但体现了分权制的优点,而且还防止了集团内部“诸侯割据”现象的发生。集权为主、分权为辅的财务管理体制实行母子公司统一的财务会计核算制度,分设两级财会机构进行管理。集团公司对所属成员企业在重大问题上实行严格的集权,具体包括:掌握投资决策权、严格控制资金筹放权、利润分配权等;成员企业拥有一定程度的资金使用权、部分利润支配权等。集团公司(母公司)是投资中心,成员企业(子公司)是利润中心。这种管理体制克服了高度集权财务体制决策质量低、适应性差的弊端。但由于分权度低,使财务体制的激励作用得不到充分发挥,较高的集权制度也使财务体制难以应变,容易僵化。

第二,以分权为主、集权为辅的财务管理体制。

分权为主、集权为辅的财务管理体制实行企业集团母子公司分设财务机构、分级核算,集团公司(母公司)对所属成员企业实行较大程度的放权,母公司只对涉及企业集团全局和方向的重大投资决策如企业集团重组、并购,对涉及企业集团整体利益分配如制定内部价格、调剂利润率等进行统筹安排、集中管理,所属成员企业则充分拥有经营自主权,很大程度上拥有资金调配权,并在小范围内拥有投资决策权等。这种财务管理体制能充分调动各成员企业的积极性,适应性较强,但财务控制力较弱,企业集团的发展容易失去方向。

第三节　财务管理的原则和方法

一、财务管理的原则

财务管理原则也称理财原则，是指人们对财务活动共同的、理性的认识，它是联系理论与实务的纽带。财务管理理论是从科学角度对财务管理进行研究的成果，通常包括假设、概念、原理及原则等。财务管理实务是指人们在财务管理工作中使用的原则、程序和方法。理财原则是财务管理理论和实务的结合部分。对于如何概括理财原则，人们的认识并不完全相同。当前，管理学科中最具有代表性的理财原则可以分为三大类，即竞争的经济环境的原则、创造价值和经济效率的原则、财务交易的原则。

（一）竞争的经济环境的原则

竞争的经济环境的原则是对资本市场中人的行为规律的基本认识。

1. 自利行为原则

自利行为原则是指人们在进行决策时按照自己的财务利益行事，在其他情况相同的条件下人们会选择对自己经济利益最有好处的行动。自利行为原则的依据是理性的经济人假设。该假设认为，人们对每项预期的交易都能衡量其代价和利益，并且会选择对自己最有利的方案作为行动方案。自利行为原则假设企业决策人对企业目标具有合理的认识程度，并且对如何达到目标具有合理的理解。自利行为原则并不认为钱是任何人生活中最重要的东西。但商业交易的目的在于获利，在从事商业交易时人们总是为了自身的利益做出选择和决定。在这些非人格化的交易中，从可供使用的资源中获得最大的利益是首要的考虑。①

自利行为原则的一个重要的应用称为委托—代理理论。根据该理论，应当把企业看成各种自利人的集合。一个公司涉及的利益关系人包括普通股股东、债权人、银行、政府、社会公众、经理人员、员工、客户、供

①李怀宝，赵晶，白云. 财务管理[M]. 长沙：湖南师范大学出版社，2018.

应商等，这些利益关系人都是按自利行为原则行事的，企业与各种利益关系人之间的关系大部分都属于委托—代理关系。这种相互依赖又相互冲突的利益关系需要通过“契约”来协调。契约包含明确契约和模糊契约两种，如企业与短期债权人之间定有在未来的特定日期支付特定金额的货币就属于明确契约；而员工承诺诚实和努力工作、经理承诺按股东最佳利益行事则属于模糊契约。

自利行为原则的另一个应用是机会成本和机会损失的理论。有竞争力的、值得做的行动经常被采纳。当一个人采取了一种行动时，就意味着取消了其他可能的行动。一种行动的价值和最佳选择的价值之间的差异称为机会损失，被放弃的最佳行动的价值称为机会成本。例如，假定一个人未做过多考虑就以3200美元出售了一辆车，第二天他发现这辆车可以卖到3300美元，则至少蒙受了100美元的机会损失，3300美元就是机会成本。尽管机会成本和机会损失在实务操作中经常难以避免，但在做出一项有效决策时，机会成本是必须考虑的重要问题。

2. 双方交易原则

双方交易原则是指每一项财务交易都至少存在两方，在一方根据自己的经济利益决策时，另一方也会按照自己的经济利益行动。因此在决策时要正确预见对方的反应，即不要以自我为中心，低估了竞争对手可能会导致失败。

双方交易原则的重要依据是商业交易的“零和博弈”。“零和博弈”是这样一种情形，一个人获利只能建立在另一个人付出的基础上。在这种情况下，我有所得你必有所失，反之亦然。一个高价格使购买人受损而卖方受益，一个低价格使购买人受益而卖方受损，一方得到的与另一方失去的恰好相等，从总体上看，收益之和等于零，故称为“零和博弈”。在“零和博弈”中，双方都按照自利原则行事，谁都想获利而不愿受损失。那么，为什么还会成交呢？问题在于信息的不对称。买卖双方由于信息的不对称，对金融市场产生了不同的预期。高估股票价值的人买进，低估股票价值的人卖出，直到市场价格达到他们一致的预期时交易停止。因此，在进行财务决策时，不要仅考虑自利原则，还要使对方有利，否则交易将无法进行。

双方交易原则的重要应用是公司收购。收购公司的经理对收购的目标公司经常支付超额的款项,他们判断出如此高价是因为他们认为目标公司的现行市场价格被低估。他们认为自己能够更好地管理目标公司,提高目标公司的获利能力,进而提高目标公司的价值。这些经理们是在暗示市场愚蠢,给这种股票定价太低了,或者目标公司的管理不具竞争力。但实际经验表明,一家公司决定收购另一家公司的时候,多数情况下收购公司的股价不是提高而是降低了,这说明收购公司的出价太高,降低了本公司的价值。

双方交易原则也存在着特例——“非零和博弈”商业交易。大部分“非零和博弈”商业交易来源于税收中的条款。政府是不请自来的交易第三方,凡是交易,政府都要从中收取税金。减少政府的税收,交易双方都可以获益。避税就是寻求减少政府税收的合法交易形式。避税的结果使交易双方受益但其他纳税人会承担更大的税收份额,从更大范围来看,并没有改变“零和博弈”的性质。例如,免税的政府债券。政府债券的利息收入是免交所得税的,这使得政府可以按较低的利率发行债券,因为如果这种债券的利息需纳税的话,政府将以较高的利息才能发行出去。购买者也可通过免税的政府债券获得比购买同种类型但需要全额纳税的其他债券更高的收益,双方均受益。这似乎并不表现为一种“零和博弈”。考虑到其他更大范围的纳税人的话,降低一组纳税人的税收可能导致其他纳税人承担政府运转资金的更大部分。

3.信号传递原则

信号传递原则,是指行动可以传递信息,并且比公司的声明更具说服力。信号传递原则是自利行为原则的延伸。由于人们或公司是遵循自利行为原则的,因此,一项资产的买进暗示着该资产“物有所值”,买进的行为提供了有关决策者对未来的预期或计划的信息。例如,一个公司决定进入一个新领域,反映出管理者对自己公司的实力以及新领域的未来前景充满信心。

信号传递原则要求根据公司的行为判断它未来的收益状况。例如,一个经常用配股的办法向股东要钱的公司，很可能自身产生现金的能力较差；一个大量购买国库券的公司，很可能缺少好的投资机会；内部持股人出售股份常常是公司盈利能力恶化的重要信号。有时行动比语言更具说服力，这就是通常所说的“不但要听其言，更要观其行”。

4.引导原则

引导原则是指当所有的办法都失败时，寻找一个可以信赖的榜样作为自己的引导。引导原则是信号传递原则的直接运用。信号传递原则是指行动传递信息，而引导原则，简而言之，即“让我们试图使用这些信息”。所谓“当所有办法都失败”，是指我们的理解力存在局限性，不知道如何做才会更有利，或者寻找最准确答案的成本过高，以至于不值得把问题完全搞清楚。在这种情况下，不要继续坚持采用正式的决策分析程序，包括收集信息、建立备选方案、采用模型评价方案等，而是应直接模仿成功榜样或者大多数人的做法。

不要把引导原则简单看成“盲目模仿”，它只有在两种情况下适用：一是理解存在局限性，认识能力有限，找不到最优的解决办法；二是寻找最优方案的成本过高，即理论尽管能提供明确的解决办法，但收集必要信息的成本超过了潜在的利益。引导原则在实践中有时会发生运用不当的情况，为减少成本和风险，引导原则有一条重要的警告：它是一个次优化原则，其最好的结果就是得出近似最优的结论，最差的结果是模仿了别人的错误。尽管引导原则存在着潜在的不足，但在某些情况下它仍然是有用的。

（二）创造价值和经济效率的原则

创造价值和经济效率的原则是对增加企业财富基本规律的认识。

1.有价值的创意原则

有价值的创意原则是指新创意（如新专利、新功能、新包装、新产品、新的营销方式等）能转化成额外的正价值。竞争力理论认为，企业的竞争优势可以分为经营奇异和成本领先两方面。经营奇异是指产品本身、销售交货、营销渠道等客户广泛重视的方面能在产业内独树一帜。任何独树一帜都来源于新的创意。创造和保持经营奇异性的企业，如果其产品溢价超过了为产品的独特性而附加的成本,它就能获得高于平均水平的利润。正是许多产品的发明使得发明人和生产企业变得非常富有。

有价值的创意原则主要应用于直接投资项目。一个项目依靠什么取得大于零的净现值?它必须是一个有创意的资本预算。重复过去的投资项目或者别人的已有做法最多只能取得平均的报酬率,维持而不是增加股东财富。新的创意迟早要被人效仿,失去原有的优势,因此创新的优势都是暂时的。企业长期的优势只有通过一系列的短期优势才能维持。只有不断创新,才能维持经营的奇异性并不断增加股东财富。

有价值的创意原则的另一个应用是在改善商业实践和营销方面。例如,麦当劳创始人雷蒙·克罗克当初买了一个汉堡包小摊位,通过创意性的经营方式——连锁经营,使其成为现在的"麦当劳",他本人和许多相关的人变得很富有。潜在的、有待开发的新创意是无限的,由此给人们带来的财富也将是无穷无尽的。

2. 比较优势原则

比较优势原则是指专长能创造价值。例如,美国著名前篮球运动员迈克尔·乔丹无可争议是最好的篮球运动员之一,曾经出于个人的原因,他离开了篮球而为一个棒球队参加预赛,迈克尔·乔丹在"承认失败"之前只打过棒球联赛的一个赛季。他把棒球留给比他打得好的人,然后又回来打篮球,在这个项目上他比绝大多数人都优秀。比较优势原则提倡让每个人去做适合的工作,让每个企业生产最适合它生产的产品,只有这样,社会的经济效率才会提高。

比较优势原则的一个应用是"物尽其用,人尽其才"。在有效的市场中,不必要求自己什么都能做到最好,但要知道谁能做得更好。对于某一件事情,如果有人比自己做得更好,就支付报酬让他代自己去做。同时,自己可以去做比别人做得更好的事情,这样每项工作就找到了最称职的人,就会产生经济效率。同样,一个企业、一个国家也是如此。在国际贸易中,如果每一个国家生产它最能有效生产的产品和劳务,当国家间进行贸易时就可以使每一个国家受益。

比较优势原则要求企业把主要精力放在自己的比较优势上,而不是日常的运作上。建立和维持自己的比较优势,是企业长期获利的根本。

3.期权原则

期权是做某种事情的权利,没有任何义务,即不附带义务的权利。换言之,它是指所有者(期权购买人)能够要求出票人(期权的出售者)履行期权合同上载明的交易,但是出票人不能要求所有者去做任何事情。对所有者来说,期权不会产生负价值,因为所有者总是可以决定什么都不做。在财务上,一个明确的期权合约经常是指按照预先设定的价格买卖一项资产的权利。

期权是广泛存在的,可能在许多情况下并不被人们所察觉,但事实上,有时一项资产附带的期权比该资产本身更有价值。例如,有限责任公司是一个法律概念,它表明一个资产所有者的财务责任被限定在一定范围内,即公司的股东具有有限责任。如果公司宣告破产,股东不会承担比其已经投资在股票上的资产更多的风险。破产在法律上对债权人提供了不能偿付的期权,也对股东提供了不必全额清偿负债的期权。这是一种有价值的期权。

4.净增效益原则

净增效益原则是指财务决策建立在净增效益的基础上,一项决策的价值取决于它和替代方案相比所增加的净收益。

一项决策的优劣是与其他可替代方案(包括维持现状而不采取行动)相比较而言的。如果一个方案的净收益大于替代方案,我们就认为它是一个比替代方案好的决策,其价值是增加的净收益。在财务决策中,净收益通常用现金流量计量。一个方案的净收益是指该方案现金流入减去现金流出的差额,也称现金流量净额。一个方案的现金流入是指该方案引起的现金流入量的增加额;一个方案的现金流出是指该方案引起的现金流出量的增加额。方案引起的增加额是指这些现金流量依存于特定方案,如果不采纳该方案就不会产生这些现金流入和流出。

(三)财务交易的原则

财务交易的原则是指从观察财务交易中得出的对于财务交易基本规律的认识。

1.风险—报酬权衡原则

风险—报酬权衡原则是指风险和报酬之间存在一个对等关系，投资人必须对报酬和风险做出权衡，为追求较高报酬而承担较大风险，或者为减少风险而接受较低的报酬。所谓对等关系，是指高收益的投资机会必然伴随着高风险，风险小的投资机会必然也只有较低的收益。

在财务交易中，当其他一切条件相同时人们倾向于高报酬和低风险。如果两个投资机会除了报酬不同以外，其他条件(包括风险)都相同，人们会选择报酬较高的投资机会，这是由自利行为原则所决定的。如果两个投资机会除了风险不同以外，其他条件(包括报酬)都相同，人们会选择风险小的投资机会，这是由风险反感所决定的。所谓风险反感，是指人们普遍对风险有反感，认为风险是不利的事情，如确定的一元钱，其经济价值要大于不确定的一元钱。

如果人们都倾向于高报酬和低风险，而且都在按照自己的经济利益行事，那么，竞争结果就产生了风险和报酬之间的权衡。不可能在低风险的同时获取高额报酬，因为这是每个人都想得到的，即使有人提前发现了这样的机会并率先行动，别人也会迅速跟进，竞争会使报酬率降至与风险相当的水平。因此，现实的市场中只有高风险同时高报酬、低风险同时低报酬的投资机会。

如果某个人想拥有一个获得巨大收益的机会，他就必须承担可能遭受巨大损失的风险，每一个市场参与者都在他的风险和报酬之间进行权衡。有的人偏好高风险、高报酬，有的人偏好低风险、低报酬。但是，每个人都要求风险与报酬对等，不会去承受没有价值的风险。

2.投资分散化原则

投资分散化原则是指不要把全部财富都投资于一个项目，而要分散投资。一个明智的投资者不会把他的全部财富都投资在同一个公司，否则他的全部财富就要承受这个公司有可能倒闭的风险。如果投资分散在许多公司里，除非所有的公司都倒闭，否则不会失去全部投资，所有公司都倒闭的可能性比其中一个公司倒闭的可能性要小得多。这种广泛分布投资而不是集中投资的实务称为分散化。

投资分散化原则的理论依据是经济学家马科维茨(Markowitz)的投资组合理论,该理论认为通过有效地进行证券投资组合,便可消减证券风险,达到降低风险的目的。分散化原则具有普遍意义,不仅仅适用于证券投资,公司日常产、供、销各项决策都应注意分散化原则。不应将公司的全部投资集中于个别项目、个别产品和个别行业;不应把销售集中于少数客户;不应使资源供应集中于个别供应商;重要的事情不要依赖一个人完成;重要的决策不要由一个人做出。凡是有风险的事项都要贯彻分散化原则,以降低风险。

3.资本市场效率原则

资本市场是指证券(如股票和债券)买卖的市场。资本市场效率原则是指在资本市场上频繁交易的金融资产的市场价格反映了所有可获得的信息,而且面对新信息完全能迅速地做出调整。例如,假定一个石油公司宣布其在美国发现了一个比北极的阿拉斯加还大的新油田,股票市场的交易价格会发生什么变化?很显然,发现石油的公司的股票价格将会提高。但与此同时,由于石油供给的增加,石油的价格将会下跌,使其他公司拥有的石油存储量的总价值下降,因此预计其他石油公司的股价将趋于下降。受影响的交易者们会对这些信息做出反应——购买发现新油田的石油公司的股票,卖掉其他石油公司的股票。这种活跃的交易是一种机制,通过这种机制使新信息反映在每股股票价格上。这些新信息为人们的行动提供了驱动力,再加上自利行为原则的决定意义,使每股股票价格对新信息作出了反应。

资本市场的效率取决于新信息反映在每股价格上的速度。这种信息效率即价格完全反映新信息的速度和准确性,会受到交易成本和交易活动的障碍的影响。交易成本越低和交易活动的障碍越小,市场参与者对新信息的反应就越快和越容易,对反映新信息每股价格的调整也就越快。

资本市场效率原则要求理财时重视市场对企业的估价。资本市场犹如企业的一面镜子,又犹如企业行为的矫正器。股价可以综合反映公司的业绩,弄虚作假、人为地改变会计方法等对于企业价值的提高毫无用处。当市场对公司的评价降低时，应理性分析公司的行为是否出了问题并设法改进，而不应设法欺骗市场。妄图欺骗市场的人终究会被市场抛弃。

4.货币时间价值原则

货币时间价值原则是指在进行财务计量时要考虑货币时间价值因素。货币的时间价值是指货币在经过一定时间的投资和再投资所增加的价值。

货币时间价值原则的首要应用是现值概念。由于现在的一元货币比将来的一元货币的经济价值大，不同时间的货币价值不能直接加减运算，需要进行折算。通常要把不同时间的货币价值折算到“现在”时点，然后进行运算或比较。把不同时点的货币折算为“现在”时点的过程称为“折现”。折现使用的百分率称为“折现率”，折现后的价值称为“现值”。在财务估价中，广泛使用现值计量资产的价值。

货币时间价值的另一个重要应用是“早收、晚付”观念。对于不附带利息的货币收支，与其晚收不如早收，与其早付不如晚付。货币在自己手上可立即用于消费而不必等待将来消费，可投资获利而无损于原来的价值，可用于预料不到的支付。因此，早收、晚付在经济上是有利的。

二、财务管理的方法

（一）做好内部控制工作

加强国有企业内部控制是为了从制度层面上对国有企业的财务管理工作进行保障，建立健全内控制度的关键有两点，一是要适合本企业管理需求，二是要尽量做到彼此制约、彼此连接、全员参与。为了保障内控制度适合本企业管理要求，应将原有的管理规范作为基础，并在此基础上实施创新性管理。做到彼此制约和彼此连接，首先要保障企业的管理者与被管理者间不产生隔膜及单向的监督权利，应在共同的企业价值、企业精神与文化氛围的基础上，给员工提供较好人文环境，保障员工积极性及工作热情。在此基础上通过制度的调整使员工可以对企业的会计核算等工作进行监督。另外，企业的重大投资以及资产处置需要经过企业监督、审计与纪检部门等的共同研究和许可。

同时,实行预算控制也是强化内部控制的另一有效手段,通过全面预算,使企业各项业务在事前、事中和事后的财务情况都能获得良好的控制,将会有效杜绝账目虚报等情况,并可将其与领导者绩效相关联,进一步提升国有企业的财务管理水平。加强内部控制是为了从企业内部对财务管理进行约束和规范,但除了需要做好内部控制工作以外,适当的外部监督也有利于内部控制工作取得良好进展。比如,在法律层面加强监管是十分必要的,应积极杜绝企业领导者违法行为的出现,尽量实现执法必严和违法必究。实际工作中,要将《中华人民共和国会计法》作为主要的依托,实现检查与处罚联动的机制。还要将会计师事务所的中介监督作用加以扩大化,从另外一个层面帮助国有企业的财务管理工作取得新的进展。

(二)提升会计信息真实度

我国国有企业会计信息真实度较低的问题是受到当前社会环境以及体制制度等多种复杂因素综合影响后出现的一个复杂现象,要解决这个问题需要国有企业积极创新财务管理方式来提升会计信息的真实度,但更离不开政治、经济、文化体制改革等进程的大背景影响。作为国有企业来说,应该积极通过对会计核算等体系的完善,通过加强执法,改变管理体制等方式来尽力对会计信息的真实度加以保障。

第一,要完善会计核算体系。完善国有企业的会计核算体系有利于提升会计制度以及会计准则的适用性和科学性,依据我国的国情来看,多数国有企业在制定及修改会计准则时都不够公平、公开。另外,我国的市场经济正处在蓬勃发展的过程中,随时有可能出现一些新的问题和情况,故而,还应当依照国际上的一些先进惯例,及时制定并完善符合中国国情与我国国企发展的核算准则,通过对核算准则的把握,强化国有企业选择会计政策与变更会计方法时的约束性。在把握好这两点基本原则的基础上,根据企业的具体情况进行个性化的调整,使其更贴合企业的财务管理需求,并能够具备一定的稳定性,想必经过此种方法进行改革以后,就可以在一定程度上提升国有企业会计信息的真实度了。

第二，要及时调整会计工作的管理体制。目前，我国的实际情况是会计人员经济关系及人事关系都依附在企业之上，为了保全或获取更多的个人利益，不少会计人员渐渐开始不按原则办事，这种现象的出现是由于管理体制出现了问题，体制改革并非朝夕之间可以完成，目前，我们可以逐步将一些改革的设想应用在实践之中。对于国有企业会计管理体制来说，改革的思路还是比较容易摸清的，比如，可以建立会计委派的管理体制，使会计人员任免及管理都能够相对独立，这就可以在一定程度上保障会计信息的真实性，另外，还应通过一系列的机制保障该制度能够顺利实施，比如可以进行会计考核等，以便更好地约束会计人员。

第四节　财务管理的产生与发展

一、西方财务管理的产生和发展

财务管理实践活动由来已久。自从经济活动中存在货币财富，人们就开始了财务管理的实践活动，但是理财活动作为一项独立的业务工作形成较晚，财务管理作为一门独立的学科则更晚。在很长一段时间内，财务管理学都依附于其他学科，直到进入20世纪以后，特别是二战以后，财务管理学才逐渐成为一门独立的经济管理学科。现代意义上的财务管理，主要是从西方国家发展起来的，其产生和发展大约经历了以下几个阶段。

（一）19世纪末到20世纪30年代财务管理的产生

15世纪—16世纪，地中海沿岸商业蓬勃发展，出现了公众入股的城市商业组织，入股的股东包括商人、王公、大臣、市民等。商业股份经济的发展，要求做好集资、股份分配等工作，财务活动开始萌芽。

18世纪发生了产业革命，过去的作坊、工场手工业的生产方式被工业化的机器生产方式所替代，财务活动开始复杂起来。但当时主要采取独资、合伙等经营方式，企业组织比较简单，财务关系比较单纯，财务活动大多由企业主亲自从事。

19世纪末期，随着股份公司和托拉斯的建立，企业规模不断扩大，企业所需资金大量增加，财务关系逐渐复杂，企业主难以再亲自从事财务管理活动，开始委派专人负责，建立财务管理部门，独立的财务管理工作逐渐分化出来。财务管理实践对财务管理人员提出了更高要求，财务管理的理论也逐步得到了发展。1897年，美国著名财务管理学者格林出版了《公司财务》一书，这是最早的一部财务理论著作，标志着财务管理学科的初步形成。这个阶段，各类企业都面临着如何扩大生产经营筹措资金的问题。当时，市场竞争不是十分激烈，只要能筹集到足够的资金，一般都能取得较好的效益。财务管理面临的主要问题是怎样获取扩大生产经营所需的资金。

（二）20世纪30年代到50年代财务管理的改进

从20世纪开始，随着科学技术的发展和市场竞争的加剧，尤其30年代资本主义经济危机后，资金周转不灵，财务管理的重点开始转向注意资金运动，加强财务监督方面。这一时期是财务管理研究经历的一个重要发展时期。随着科学技术的迅速发展、市场竞争的日益激烈，西方财务管理人员逐渐认识到，在残酷的竞争中要维持企业的生存和发展，财务管理问题不仅在于筹集资金，更在于实行有效的内部控制、管理和运用好现有资金。在此阶段，资产负债表中的资产项目，如现金、应收账款、存货、固定资产等引起财务管理人员的高度重视，并应用各种计量模型对其加以管理。公司内部财务决策被认为是财务管理最主要的问题，而与资金筹集有关的事项退居第二位。此后，财务管理的中心由重视外部融资转向注重资金在公司内部的合理配置，公司财务管理产生了质的飞跃。①

（三）20世纪50年代到80年代财务管理的完善

第二次世界大战后，尤其是进入20世纪50年代，西方财务管理发生根本的转变。由于世界市场的扩大，生产技术的发展，竞争加剧，对财务管理的渗透性、灵敏性、预见性提出了很高的要求，而现代财务管理的方法和手段的产生又为财务管理的变革提供了可能，因而西方财务管理不

①卢颖，高山，高凯丽，等．财务管理[M]．北京：北京理工大学出版社，2019.

仅在内容上由资金筹集、资金运用进而转向多方面经济利益的收益分配,而且广泛实行财务预测、加强预算控制、建立责任中心,运用计量模型、使用电子计算机等,深入参与经营决策。随着财务管理实践的发展,财务管理理论也迅速发展,由传统的“筹资财务管理理论”发展为以资产管理为中心的“内部控制财务管理理论”,进而又发展为现代的“投资财务管理理论”。在实践中,投资者和债权人往往根据公司的盈利能力、资本结构、股利政策、经营风险等一系列因素来决定公司股票和债券的价值。所以,当遇有重大决策时,首先必须评估决策对公司价值将会产生何种影响。因此,资本结构和股利政策的研究受到高度重视。1958年6月,莫迪利亚尼(Modiliani)和米勒(Miller)开始研究资本结构与企业价值的关系,并逐步形成了著名的MM定理,为现代财务管理理论的发展作出了重要贡献,从而奠定了现代企业财务理论的基础。在MM理论之后的各种理论,如权衡理论、信息不对称理论、激励理论等,基本上都是沿着MM理论的思路进行研究的,将财务管理理论向前推进了一大步。美国法玛(Fama)和米勒的《财务理论》一书于1972年出版,它集西方理论之大成,标志着西方财务管理理论进入成熟阶段,随之,许多大学开设了财务管理课程。

(四)20世纪80年代以后财务管理的新发展

20世纪80年代以后,金融工具的创新、金融风险的加剧、产品生产和需求的柔性化,以及网络经济的发展,加剧了公司所面临的不确定性和预测、决策的难度,同时出现公司内部的机构重组、公司之间的并购与重组、虚拟公司的兴起等,以上每一方面环境的变化都给财务管理学科和财务管理工作带来了新的挑战,使企业财务管理理论和实践都发生了显著变化。企业财务管理学的研究重新侧重于通货膨胀对利率的影响和资本市场金融工具的应用。同时伴随着计算机和互联网在财务决策中的大量应用,国际财务管理理论和方法得到迅速发展,成为现代财务管理的分支。20世纪80年代中后期,由于现代交通工具和通信技术的发展,企业跨国经营发展很快,国际财务管理越来越重要,如外汇风险管理、多国融资问题、国际转移价格问题、国际投资分析、跨国公司财务业绩评估等，成为财务管理研究的热点。随着21世纪经济全球化时代地到来，国际财务管理得到了更多的重视和发展。

二、我国财务管理的产生与发展

（一）财务管理的产生

在我国，早在春秋战国时代，就出现了不少卓越的理财能手和理财理论。在漫长的封建社会，地主庄园和手工作坊里设有“管家”和“账房先生”，他们往往是地主或老板的代言人，既是总管，又要理财，但他们还不是专职的财务人员。随着经济的发展，一些大型企业的业务开始变得复杂，因此在企业内部设置了专门的财务主管。高校逐渐从西方引进了一些财务管理课程，但由于经济发展落后，独立的财务管理工作和独立的财务管理学科还只是处于萌芽阶段。

（二）1949年到1978年以计划管理为主的时期

中华人民共和国建立后，我国实行高度集中的计划经济体制，为适应国民经济计划的要求，财务管理实行统收统支、统负盈亏的体制，资金由国家供应，资金使用由国家计划安排、收益分配按国家计划进行，企业无理财自主权，企业财务管理的职责就是按照国家生产计划编制有关资金需要量计划、成本开支计划等，并对计划执行情况进行考核。20世纪50年代初受苏联影响，财务课作为财政学的分支开始建立，因为当时实行统收统支的财务体制，资金靠国家拨款，利润要上缴，企业筹资、用资、分配收益的职能相当一部分被国家财政所代替，因此财务管理依附于财政学。与此相适应，财务管理的理论研究也是围绕着计划管理来进行的。

（三）1978年到1992年以利润和分配管理为主的时期

1978年12月党的十一届三中全会以后，随着商品经济的发展和经济体制的改革，企业自主权扩大，企业作为自主经营、自负盈亏的经济实体，有一定的独立财权，并有丰富的财务活动和广泛的财务关系，财务管理的独特内容和重要地位便凸显出来了。这一时期的改革围绕放权让利、切分蛋糕的思路进行。在分配领域进行过企业基金制、利润留成制、两步利改税、承包制、利税分流等改革，由于放权让利，企业财务主体地位得以确立,财务管理研究和应用也由过去单纯的计划管理转移到以追求利润最大化为目标以及收益分配的管理上。在此期间,我国著名的财务管理学家余绪缨教授率先编著了我国第一本《财务管理》专著,从而开创了我国管理理论研究的领域。

(四)1992年10月至今以筹资、投资管理与财务预测、决策为主的时期

这一时期,我国以改革企业组织为突破口,以建立现代企业制度为目标,法人财产权的确立使企业拥有财务筹资权和财务投资权。当改革中出现企业资金紧张的难题时,财务管理必须履行其筹资职能。为了从不同渠道取得资金,企业财务管理的首要任务是向各类社会出资者和债权人提供企业目前的财务状况和今后一定时间内的企业盈利能力、偿债能力的财务预测分析报告,提供所筹措资金用以投资的可行性分析与决策报告,为社会出资者和债权人提供真实可信的决策资料。

从中外财务管理研究的历史和现状可以看出,财务管理的理论研究和实践应用,是随着企业财务环境的变化而不断发展的。随着企业财务管理环境的变化,财务管理研究的理论和方法也不断创新,在内容上已包括了筹资、投资、分配等方面,在方法上包括了预算、决策、控制、分析、考评等,一门较成熟的学科已经形成。

第二章 财务管理的环境及因素分析

第一节 财务管理环境概述

一、财务管理环境的含义

任何事物的产生、发展都离不开一定的环境，企业也不例外。企业活动总是在一定的环境下进行，并受环境的影响，进而形成自己的经营特点。同样，不同企业的财务管理活动之所以具有不同的特点，与其财务管理活动所处环境不尽相同有着密不可分的关系。企业环境就是对企业活动产生影响和制约作用的内外因素的总和。相应地，财务管理环境就是对企业财务管理活动产生影响和制约的各种内外因素的总和。财务管理环境是除财务管理系统之外的但与财务管理系统有着直接或间接联系的各种因素，既包括国家的政治、经济形势，国家法律、法规的完善程度，又包括企业的内部治理方式、经营管理水平等，因此涉及的范围十分广泛。

财务管理环境是企业财务活动赖以生存的土壤和条件，财务管理环境变化是推动财务管理理论和实务发展的动力。20世纪初，工业革命使企业生产经营规模迅速扩充，西方国家出现了经济的持续繁荣，股份公司因更适应生产经营社会化生产的要求而得到迅速发展。由于当时市场竞争不是十分激烈，资本市场不甚成熟，金融机构也不够发达，因此，筹资问题成为财务管理工作的主要问题。在此背景之下，筹资理论和方法得到迅速发展。

二战之后，市场竞争加剧，受到环境变迁的影响，财务管理工作的重点发生转移，筹资已不再是企业财务管理工作最主要的问题，资产的管理与内部决策的重要性凸显，各种计量模型逐渐应用于存货管理、应收账款管理和固定资产管理,财务分析、财务计划、财务控制等管理手段得到广泛应用。20世纪60年代之后,市场竞争更加激烈,企业投资风险加大,投资管理受到空前重视,投资理论得到发展,从而确定了比较合理的投资决策程序,建立了科学的投资决策指标,创立了投资组合理论和资本资产定价模型。石油危机时期,西方国家出现了严重的通货膨胀,为了应对通货膨胀的影响,企业筹资决策、投资决策、股利分配决策以及日常资金调度决策都进行了相应调整。20世纪80年代之后,随着运输和通信技术的发展,企业跨国经营发展迅速,国际企业财务管理问题受到广泛关注,国际财务管理的理论和方法得到迅速发展并在财务管理实务中得到广泛应用。

根据财务管理发展的历史可知,理财环境对企业运营和发展至关重要。财务管理环境的发展变化,可能制约、影响企业的财务决策,从而影响企业的经营活动。因此,企业在进行财务管理决策时,必须深入分析各种条件、因素的变化以及可能产生的影响,正确把握环境变动趋势,及时调整企业的财务管理活动及经营活动,作出有利于企业长远发展的决策。

二、财务管理环境的分类

(一)按照财务管理环境影响的范围分类

按照财务管理环境影响的范围分类,可将财务管理环境分为宏观财务管理环境和微观财务管理环境。

宏观财务管理环境是指对所有企业的财务管理活动都产生影响的各种宏观因素,包括政治、法律、经济、社会文化传统等。①

微观财务管理环境是指对特定企业的财务管理活动产生作用的各种因素,这些因素一般是微观方面的,如企业的组织形式、市场状况、生产状况、企业管理体制、管理水平等。

(二)按照财务管理环境与企业的关系分类

按照财务管理环境与企业的关系分类,可将财务管理环境分为内部

①刘丽娟,罗小兰. 财务管理[M]. 长春:东北师范大学出版社,2018.

财务管理环境和外部财务管理环境。

内部财务管理环境是指存在于企业内部的影响财务管理活动的各种因素,包括企业技术情况、经营规模、资产结构、生产经营周期等。

外部财务管理环境是指存在于企业外部的影响财务管理活动的各种因素,包括国家政治经济形势、法律制度、市场状况变化以及国际财务管理环境等。

这种划分方式与按照影响范围分类基本相同,内部财务管理环境一般均属于微观财务管理环境,外部财务管理环境则有些属于宏观财务管理环境,如国家政治经济形势等,有些属于微观财务管理环境,如企业市场销售状况等。

(三)按照财务管理环境的稳定性分类

按照财务管理环境的稳定性分类,可将财务管理环境分为静态的财务管理环境和动态的财务管理环境。

静态的财务管理环境是指在一定时期处于相对稳定或不变状态的影响因素。这些影响因素通常容易预见并且变化不大,对财务管理的影响持续不变,不需要经常调整或研究,如自然环境、社会制度、经济体制、法律环境、文化环境等。

动态的财务管理环境是指经常处于不断变化状态的影响因素。这些因素经常变化,有时甚至波动很大,可预见性差,应当作为财务管理活动着重研究的部分,以针对变化及时作出反应和调整,提高对财务管理环境的适应性和应对能力。这些环境包括产品价格、销售状况、资金供求、利率及汇率水平等。

(四)按照财务管理环境的性质分类

按照财务管理环境的性质分类,可将财务管理环境分为政治环境、经济环境、法律环境、文化环境、自然与社会环境等。

政治环境是指有关国家治理的条件和范围等,包括国家的政治制度、国体与政体、政党与党派、政府政策、机构设置及其与公司的关系、政府机构的管理水平及办事效率等。

经济环境指特定时间与空间内企业面临的宏观及微观经济状况,主要包括经济体制、经济结构、市场供求状况、经济周期等。

法律环境是指对企业财务管理环境产生影响、制约和提供利益保护的各种法律规范及法律制度,包括立法与司法状况、法律意识等。

文化环境是指企业内外所有与企业经营活动有关的人或群体的文化水平、价值观念、文化传统、生活习惯等。

自然与社会环境是指一个国家或地区的地理位置、气候特征、人口状况、社会制度、社会结构和社会阶层等。

(五)按照财务管理环境作用的对象不同分类

按照财务管理环境作用的对象不同分类,可将财务管理环境分为筹资环境、投资环境和分配环境等。

筹资环境是指对企业筹资活动产生影响、制约的各种内外部因素,如资本市场发育状况。

投资环境是指对企业投资活动产生影响、制约的各种内外部因素,如投资所在地政局的稳定性、当地政府对外国投资者的态度、政府的行政效率等。

分配环境是指对企业利润分配活动产生影响、制约的各种内外部因素,如税率水平、对投资者的法律保护制度等。

(六)按照公司对财务管理环境是否可控分类

按照公司对财务管理环境是否可控分类,可将财务管理环境分为可控财务管理环境、不可控财务管理环境。

可控财务管理环境是指企业经过努力能够影响、改变或部分改变的财务管理环境,如企业的产品组合、技术装备水平、管理水平等。

不可控财务管理环境是指企业无法控制、改变的财务管理环境,如政治环境、法律环境、市场环境、文化传统等。

管理环境、宏观财务管理环境多属于不可控财务管理环境。财务管理环境对财务管理目标的实现产生重大影响,所以企业应当充分利用各种手段和方法,对可控的财务管理环境施加影响,营造有利于财务管理目标实现的环境因素,促进财务管理目标的实现,对不利于实现财务管理目标的因素应当尽量规避。

第二节 财务管理的环境因素分析

财务管理在现代企业运营过程中持续发挥着的前瞻指导性及后续延展性的作用,是企业的高层决策者和内部职能的实际执行者在进行企业发展方向决策时的重要依据。在这个多元化的日新月异的,选择多样化的信息时代,企业想要在竞争激烈的市场中生存,就必须把握代表企业决策重要方向的实践活动——财务管理。中国有句古语说得好,运筹帷幄,便能决胜千里之外,财务管理便是现代企业运营中需要稳妥掌控的活动。因此,财务管理人员要充分掌握财务管理环境的各方面因素及其特征,熟稔各因素与财务管理之间的脉络与联系,从而为企业的科学有效决策提供更为精准的参考信息。

财务管理环境又受制于哪些因素的影响呢?一切被研究的事物,都是在其所被包围的环境里,通过环境中存在的内部因素和外部因素、内部条件及外部条件发生相互作用,即财务管理环境随着外部宏观环境和内部微观环境的改变而产生变化。

一、财务管理的宏观环境因素

政策因素。财务管理作为人类社会的一种活动,必然要受到国家政策的影响以及国家法律的制约。没有规矩,不成方圆。政策和法律在很大程度上为企业的财务管理运作提供了较为明确的方向导向。在企业的筹资、投资及运营方面,相关的法律规定和政策引导都能够为企业在多渠道合理进行有效融资、多元化分配投资以及获取企业股东每股收益最大化等方面提供高效率途径指导,以追求最大的经济效益。我国作为一个依法治国的泱泱大国,如今在企业法律法规的完善及健全方面日趋完整,相关法律及政策都使得企业在进行财务管理时有法可依,有章可循。例如税法、企业法等法律条文,都从不同的方面对于企业的筹资投资及利润分配问题进行规范,从而保证财务管理按照章法开展,更好地为企业决策提供有效数据。

经济因素。通货膨胀的压力,人民币升值的论调,CPI上涨,经济循环周期的波动,经济体制的新变化,金融监管,社会经济结构特征等一系列问题的产生都迫使企业在财务管理上更加谨慎斟酌。如何随着变化的经济形势管理好财务,是对财务管理人员专业知识、敏锐的洞察力和预测能力的高层次要求,也是影响企业决策、实现企业利润的重要活动。例如,在国家采取财政扩张与财政紧缩的不同阶段,企业应当如何调整财务支出方向,改变投资领域,有的放矢地保证企业运作重点,控制财务规模及对外负债,保证财务收益的上升下降幅度控制在一个相对稳妥的区间,这就需要紧跟经济形势的财务管理战略,使得企业在竞争激烈与风云变幻的大经济环境下仍旧收放自如。在经济全球化的大时代背景下,国与国之间的经济联系已通过跨国企业合作交流等形式变得日渐紧密。正如美国经济危机爆发来临之际经济学家评论的一样,如此背景下,美国经济感冒,全球几乎所有国家都跟着打喷嚏。想要在世界各国经济波动的情况之下保持"我自岿然不动"之势,就必须在高渗透融合的经济全球化的背景下,采取主动积极的管理方法,保持财务稳定风险最小化的局面,以变制变,在进行全面分析和及早规划的基础之上进行财务管理。再者,面对如今的中国在社会主义市场经济体制下已然形成的以市场调控为主的新经济发展方向,企业时时事事都必须考虑到市场环境给财务管理带来的新挑战。在经济市场这个大背景下,商品市场、资本市场、劳动力市场、信息技术市场、监管市场、产权交易市场等都从不同侧面要求企业为财务管理做好市场分析。主次轻重点的资金投放、商品多元化的创新研发、劳动力分配以调整目标适应市场需求,规避风险,满足社会供求平衡,获取最大的经济效益,稳定企业健康正常发展。

世界观以及价值观等方面都对财务管理乃至企业决策产生影响。是否与财务管理目标相联系,是否与企业发展决策方向相适应,决定着文化环境因素对于财务管理的方法的贡献为正为负。

二、财务管理的微观环境因素

企业定位。作为有关企业内部的内容,企业的定位是影响财务管理的微观环境。我国建立的现代企业制度,是社会主义市场经济制度下有助于企业发展的一般规律。而在现代企业制度下,由于不同的企业所制定的财务管理内部规范不同、企业的组织形式不同、主次目标不同,都会影响到企业在财务管理方面的规范,从而影响企业管理的重要决策。国有企业、股份制企业、民营企业对于理财方式都有一定程度上的区别。国家的监管、经营者的性质,会使其在财务管理方面的行为有所不同。不仅如此,原始凭证的保存、财务计划的制订与执行、企业财务管理的目标控制、操作预算等因素都会对其实施过程和最终结果产生影响。再者,在自负盈亏的企业当中,经营者迫于优胜劣汰、利润归自己的压力,不得不建立完善合理的理财计划,如果经营者只负责盈利不负责亏损,想要企业精确理财的愿望就很难实现。除此之外,作为一个企业,最主要最重要的目标当然是使股东每股收益最大化,但当我们考虑到其次的目标时就会发现,次要目标的不同也是影响企业财务管理决定的重要因素。例如,假设企业的次要目标不存在关注员工利益福利问题,尽管在短期内财务预算会相对减少,但从长远来看,这种做法势必会导致内部人才的流失,使得企业利润下降,最终调整财务预算,造成不同程度上的损失。因此,上述原因皆为影响财务管理的内部环境因素,而由此导致的财务管理决定又会影响着高层人员在企业未来发展道路上的决策。

财务管理人员素质与人才培养。毋庸置疑,拥有众多精湛的专业知识的财务管理人员是企业一笔丰厚的财富。在业务上,他们能够将最紧跟知识时代步伐的理论结合创新思维运用到实践中,使得财务管理为企业的决策发挥出最大限度的作用;在沟通中,高素质人员通过自身的魅力和领导能力凝聚团队的向心力,激励人心,保证高效率高质量的工作。

上述宏微观环境对财务管理的目标及实施都产生了不同程度的影响,若能抓住其关键,找到如何良好适应环境的方法,财务管理的具体执行会行之有效,并且与企业利润最大化的目标将会更加贴合一致,从而以不变应万变的姿态紧跟时代脚步,保证效率与利益。

第三节　财务管理的目标及利益冲突的协调

一、财务管理的目标

企业的财务目标对企业财务系统的运行也具有同样意义。财务管理的目标又称理财目标，是指企业进行财务活动所要达到的根本目的，它决定着企业财务管理的基本方向。

（一）企业目标

企业是以营利为目的的组织，其出发点和归宿是盈利。企业一旦成立，就会面临竞争，并始终处于生存和倒闭、发展和萎缩的矛盾之中。企业必须生存下去才能有活力，只有不断发展才能求得生存。因此，企业目标可以具体细分为生存、发展和获利。

1.生存

企业只有生存，才可能获利。企业在市场中生存下去的基本条件是以收抵支。企业一方面支付货币资金，从市场上取得所需的实物资产；另一方面提供市场需要的商品或服务，从市场上换回货币。企业从市场上获得的货币至少要等于付出的货币才能维持经营，这是企业长期存续的基本条件。①

企业生存的另一个基本条件是到期偿债。企业为扩大业务规模或满足经营周转的临时需要，可以对外借债。国家为维持市场经济秩序，从法律上保证债权人的利益，要求企业到期必须偿还本金和利息。否则，该企业就可能被债权人接管或被法院判定破产。

2.发展

企业是在发展中求生存的。企业的生产经营如“逆水行舟，不进则退”。在科技不断进步的今天，企业只有不断推出更好、更新、更受顾客欢迎的产品，才能在市场中立足。一个企业如果不能不断地提高产品或服务的质量，不断地扩大自己的市场份额，就不能得到发展，甚至还有可

①王培，郑楠，黄卓．财务管理[M]．西安：西安电子科技大学出版社，2019.

能产生生存危机,有可能被其他企业挤出市场。

3.获利

企业只有获利,才有存在的价值。建立企业的目的就是盈利。盈利不但是企业的出发点和归宿,而且可以反映其他目标的实现程度,并有助于其他目标的实现。

(二)企业目标对财务管理的要求

1.生存目标对财务管理的要求

企业生存的威胁主要来自两个方面:一是长期亏损,它是企业终止的根本原因;二是不能偿还到期债务,它是企业终止的直接原因。亏损企业为维持运营被迫进行偿债性融资,借新债还旧债。亏损企业如果不能扭亏为盈,迟早会因借不到钱而无法周转,进而不能偿还到期债务。盈利企业也可能出现"赤字破产"的情况,如借款扩大规模,但由于各种原因导致投资失败,为偿债必须出售企业资产,使生产经营无法持续下去。为此,企业应力求保持以收抵支和偿还到期债务的能力,减少破产的风险,使企业能够长期、稳定地生存下去。这是对财务管理的第一个要求。

2.发展目标对财务管理的要求

企业的发展集中表现为扩大收入。扩大收入的根本途径是提高产品的质量、扩大销售的数量,这就要求企业要不断更新设备、改进技术和工艺,并努力提高各种人员的素质,也就是要投入更多、更好的物质资源和人力资源,并提高技术和管理水平。在市场经济中,各种资源的取得都需要付出资金,而企业的发展更离不开资金。因此,筹集企业发展所需的资金,这是对财务管理的第二个要求。

3.获利目标对财务管理的要求

从财务的角度看,盈利就是使资产获得超过其投资的回报。在市场经济中,没有"免费使用"的资金,资金的每项来源都有其成本,而每项资产都是投资,都应获得相应的报酬。财务人员要对企业正常经营产生的和从外部获得的资金加以有效利用,这是对财务管理的第三个要求。

（三）一般财务管理目标

财务管理目标是全部财务活动实现的最终目标。它是企业开展一切财务活动的基础和归宿。从根本上讲，企业财务目标取决于企业生存和发展目标，这两者必须是一致的。以经济效益最大化作为企业目标，是市场经济条件下我国企业所追求的。与此相应，企业财务目标也通常被认为是经济效益最大化，但以此为目标显得较为笼统，不直接、不集中。基于这样的理由，一方面必须以经济效益最大化作为确定财务目标的基础；另一方面必须寻找能更直接、更集中反映财务管理特征，体现财务活动规律的财务目标。根据现代企业财务管理理论和实践，最具有代表性的财务管理目标主要有以下三种。

1.利润最大化

利润最大化就是假定企业财务管理以实现利润最大化为目标。以利润最大化作为财务管理目标，其主要原因有三点：一是人类从事生产经营活动是为了创造更多的剩余产品，在市场经济条件下，剩余产品的多少可以用利润这个指标来衡量；二是在自由竞争的资本市场中，资本的使用权最终属于获利最多的企业；三是只有每个企业都最大限度地创造利润，整个社会的财富才可能实现最大化，从而带来社会的进步和发展。

利润最大化目标的主要优点在于，企业追求利润最大化，就必须讲求经济核算、加强管理、改进技术、提高劳动生产率、降低产品成本。这些措施都有利于企业资源的合理配置，有利于企业整体经济效益的提高。

但是，以利润最大化作为财务管理目标也存在以下几个缺陷：①利润最大化是一个绝对指标，没有考虑企业的投入与产出之间的关系，难以在不同资本规模的企业或同一企业的不同期间进行比较。②利润最大化目标没有区分不同时期的收益，没有考虑资金的时间价值。投资项目收益现值的大小不仅取决于其将来收益值总额的大小，还要受取得收益时间的制约。因为，提早取得收益，就能提早进行再投资，进而提早获得新的收益，利润最大化目标则忽视了这一点。③利润最大化目标没有考虑风险问题。一般而言，收益越高，风险越大。追求最大利润，有时会增加企业风险，但利润最大化的目标未将企业风险的大小考虑进去。④利润最大化可能会使企业财务决策带有短期行为，即片面追求利润的增加，不考虑企业长远的发展。

2. 资本利润率（每股利润）最大化

资本利润率是利润额与资本额的比率。每股利润也称每股盈余，是利润额与普通股股数的对比数。这里，利润额是税后净利润。所有者或股东是企业的出资者或投资者，他们投资的目标是为了取得资本收益，表现为税后净利润（可以用来分配的利润）与出资或股份数（普通股）的对比关系。其优点是，把企业实现的利润额同投入的资本或股本数进行对比，能够说明企业的盈利率，可以在不同资本规模的企业之间进行比较，揭示其盈利水平的差异。但该指标仍然不能避免上述利润最大化中的②③④项的缺陷。

3. 企业价值最大化

企业价值最大化是指企业财务管理行为以实现企业的价值最大化为目标。企业价值可以理解为企业所有者权益的市场价值，或者是企业所能创造的预计未来现金流量的现值。未来现金流量这一概念包含了资金的时间价值和风险价值两方面的因素。未来现金流量的预测包含了不确定性和风险因素，而现金流量的现值是以资金的时间价值为基础对现金流量进行折现计算得出的。

企业价值最大化要求企业通过采用最优的财务政策，充分考虑资金的时间价值和风险与报酬的关系，在保证企业长期稳定发展的基础上使企业总价值达到最大。以企业价值最大化作为财务管理目标具有以下几个优点：①考虑了取得报酬的时间，并用时间价值的原理进行了计量；②考虑了风险与报酬的关系；③将企业长期、稳定的发展和持续的获利能力放在首位，能克服企业在追求利润上的短期行为，因为不仅当前的利润会影响企业的价值，预期未来的利润对企业价值的增加也会产生重大影响；④用价值代替价格，避免了过多受外界市场因素的干扰，有效地规避了企业的短期行为。

以企业价值最大化作为财务管理目标也存在以下几个问题：①企业的价值过于理论化，不易操作。对于上市公司，尽管股票价格的变动在一定程度上揭示了企业价值的变化,但是,股价是多种因素共同作用的结果,特别是在资本市场效率低下的情况下,股票价格很难反映企业的价值。②对于非上市公司,只有对企业进行专门的评估才能确定其价值,而在评估企业的资产时,由于受评估标准和评估方式的影响,很难做到客观和准确。近年来,随着上市公司数量的增加以及上市公司在国民经济中地位的提升、作用的增强,企业价值最大化目标逐渐得到了广泛认可。

(四)具体财务管理目标

财务管理的具体目标取决于财务管理的具体内容和发展的阶段。据此,财务管理的具体目标分为各种财务活动的财务目标和各个发展阶段的财务目标两大类。

1.各种财务活动的财务目标

第一,企业筹资管理目标。为了保证生产的正常进行和扩大再生产的需要,任何企业都必须有一定数量的资金。企业的资金可从多种渠道、用多种方式来筹集。不同来源的资金,其可使用时间的长短、附加条款的限制、资本成本的大小以及资金的风险等都不相同。因此,企业筹资的目标是:在满足生产经营需要的情况下,以较低的筹资成本、较小的筹资风险,获取同样多的资金或较多的资金。

第二,企业投资管理目标。投资就是企业资金的投放和使用,包括对企业自身和对外投资两个方面。企业无论对自身还是对外投资都是为了获取利润,取得投资收益。企业在投资的同时,必然会遇到投资可能成功或失败、投资可能收回也可能收不回、投资既可能赚较多的钱也可能赚较少的钱的情况,即投资会产生投资风险。因此,企业投资的目标就是:以较低的投资风险与较少的资金投放和使用,获取同样多或较多的投资收益。

第三,企业利润分配管理目标。分配就是将企业取得的收入和利润在企业与相关利益主体之间进行分割。这种分割不仅涉及各利益主体的经济利益,而且涉及企业的现金流出量,从而影响企业财务的稳定性和安全性。由于这种分割涉及各利益主体经济利益的多少,因此,不同的分配方案也会影响企业的价值。具体而言,企业当期分配给投资者的利润较高,会提高企业的即期市场评价,但由于利润大部分被分配,企业或者即期现金不够,或者缺乏发展或积累资金,从而就会影响企业未来的市场价值。从以上分析可知,利润分配管理的目标是:企业合理确定利润的留分比例以及分配形式,以提高企业的潜在收益能力,从而提高企业总价值。

2.各个发展阶段的财务目标

第一,企业初创阶段。当企业处于初创阶段时,所面临的最大风险是市场,包括商品市场、金融市场、人力资源市场及技术市场等。其中,最为关键的是商品市场。企业只有生产出为市场所需要的产品,才能在市场站稳脚跟。因此,配合生产部门,加强生产管理和协作,确定投资方向,并筹措必要的资金,就是这一阶段的财务目标。这一阶段主要强调降低风险,稳定收益。

第二,企业发展阶段。当企业步入发展阶段后,市场占有率持续上升,企业为了不断扩大市场份额,必然要不断地增加投资,以获取最大的收益。因此,这一阶段主要强调多投资,高收益。

第三,企业成熟阶段。当企业所生产的产品在市场上已经饱和且企业的市场份额已经趋于稳定时,企业为了延长成熟期,必然要加强企业内部管理、加速资金周转。因而降低成本、减少资金占用就成为这一阶段的财务目标。这一阶段主要强调降低成本,减少资金占用,相应降低投资风险。

第四,企业衰退阶段。当企业进入衰退期、新的替代品出现时,为了不被淘汰,其经营者必然要寻找新的经济增长点,如进行新市场的开发、资本结构的调整等,此时的财务目标就是优化资本结构,实行战略转移。因此,资本经营往往成为这一阶段财务管理的重点。这一阶段主要强调通过优化资本结构来优化资产结构,降低经营风险,谋求更多的收益。

(五)不同利益主体之间财务管理目标的矛盾与协调

企业从事财务管理活动,必然发生企业与各个方面的经济利益关系,在企业财务关系中最为重要的关系是所有者、经营者与债权人之间的关系。企业必须处理、协调好这三者之间的矛盾与利益关系。另外,企业与社会的关系也不容忽视。

1.所有者与经营者的矛盾与协调

企业是所有者的企业,企业价值最大化代表了所有者的利益。现代公司制企业所有权与经营权完全分离,经营者不持有公司股票或持部分股票,其经营的积极性就会降低,因为经营者拼命经营所得不能全部归自己所有。此时,个别经营者就会放松经营,不愿意为提高股价而冒险,并想办法用企业的钱为自己谋福利,如坐豪华轿车以及进行奢侈的出差旅行等,因为这些开支可以计入企业成本由全体股东分担。个别人甚至蓄意压低股票价格,以自己的名义借款买回,导致股东财富受损,自己从中渔利。由于两者的行为目标不同,必然导致经营者利益和股东财富最大化的冲突,即经理个人利益最大化和股东财富最大化的矛盾。为协调两者的矛盾可以从企业自身和外部市场竞争两方面考虑。

第一,企业自身。从企业自身来说,为了协调所有者与经营者的矛盾,防止经理背离股东目标,一般有以下两种方法。

首先,监督。经理背离股东目标的条件是双方的信息不一致。经理掌握企业实际的经营控制权,对企业财务信息的掌握远远多于股东。为了协调这种矛盾,股东除要求经营者定期公布财务报表外,还要尽量获取更多信息,对经理进行必要的监督。但监督只能减少经理违背股东意愿的行为,因为股东是分散的,得不到充分的信息,全面监督实际上做不到,也会受到合理成本的制约。

其次,激励。激励就是将经理的管理绩效与经理所得的报酬联系起来,使经理分享企业增加的财富,鼓励他们自觉采取符合股东目标的行为。如允许经理在未来某个时期以约定的固定价格购买一定数量的公司股票,股票价格提高后,经理自然获取股票涨价收益;或以每股收益、资产报酬率、净资产收益率以及资产流动性指标等对经理的绩效进行考核,以其增长率为标准,给经理以现金、股票奖励。但激励作用与激励成本相关,报酬太低,不起激励作用;报酬太高,又会加大股东的激励成本,减少股东自身利益。可见,激励也只能减少经理违背股东意愿的行为,不能解决全部问题。

通常情况下,企业采用监督和激励相结合的办法使经理的目标与企业目标协调起来,力求使监督成本、激励成本和经理背离股东目标的损失之和最小。

第二,外部市场竞争。除了企业自身的努力之外,由于外部市场竞争的作用,也促使经理把公司股票价格最高化作为其经营的首要目标。其主要表现在以下几方面。

首先,经理人才市场评价。经理人才作为一种人力资源,其价值是由市场决定的。来自资本市场的信息反映了经理的经营绩效,公司股价高说明经理经营有方,股东财富增加,同时经理在人才市场上的价值也高,聘用他们的公司会向他们付出高报酬。此时,经理追求利益最大的愿望便与股东财富最大的目标一致。

其次,经理被解聘的威胁。公司股权的分散使个别股东很难通过投票表决来撤换不称职的经理。同时,由于经理被授予了很大的权力,他们实际上控制了公司。股东看到他们经营企业不力、业绩欠佳而无能为力。然而,进入20世纪80年代以来,许多大公司为机构CFP理财投资者控股,养老基金、共同基金和CFP保险公司在大企业中占的股份足以使他们有能力解聘经理人。高级经理被解聘的威胁会动摇他们稳固的地位,因而促使他们不断创新、努力经营,为股东的最大利益服务。

最后,公司被兼并的威胁。当公司经理经营不力或决策错误导致股票价格大幅度下降时,就会有被其他公司兼并的危险。被兼并公司的经理在合并公司的地位一般都会下降或被解雇,这对经理利益的损害是很大的。因此,经理人员为保住自己的地位和已有的权力会竭尽全力地使公司的股价最高化,这是和股东利益一致的。

2.所有者与债权人的矛盾与协调

企业的资本来自股东和债权人。债权人的投资回报是固定的,而股东的收益则随企业经营效益而变化。当企业经营得好时,债权人所得的固定利息只是企业收益中的小部分,大部分利润归股东所有。当企业经营状况差,陷入财务困境时,债权人承担了资本无法追回的风险。这就可能使所有者的财务目标与债权人渴望实现的目标发生矛盾。首先,所有者可能未经债权人同意,要求经营者投资于比债权人预计风险要高的项目,这会增加负债的风险。若高风险的项目一旦成功,额外利润就会被所有者独享,但若失败,债权人却要与所有者共同负担由此而造成的损失。这对债权人来说风险与收益是不对称的。其次,所有者或股东未征得现有债权人同意,要求经营者发行新债券或借新债,这就增大了企业的破产风险,致使旧债券或老债的价值降低,侵犯了债权人的利益。因此,在企业财务拮据时,所有者和债权人之间的利益冲突加剧。

所有者与债权人的上述矛盾协调一般通过以下方式解决。

第一,限制性借款。它通过对借款的用途限制、借款的担保条款和借款的信用条件来防止和迫使股东不能利用上述两种方法剥夺债权人的债权价值。

第二,收回借款不再借款。当发现公司有侵蚀其债权价值的意图时,债权人采取收回债权和不给予公司重新放款的方式来保护自身的权益。

除债权人外,与企业经营者有关的各方都与企业有合同关系,都存在着利益冲突和限制条款。企业经营者若侵犯职工雇员、客户、供应商和所在社区的利益,都将影响企业目标的实现。因此,企业是在一系列限制条件下实现企业价值最大化的。

3.企业的社会责任

企业的社会责任包括法定责任和理性责任。企业的社会责任又与财务管理目标密切相关。

第一,法定责任。所谓法定责任,是指国家法律、法规、制度所确定的企业必须履行的社会责任。综观世界各国,大都通过制定法律来要求企业承担如各项税法、环境保护法、反暴利法及消费者权益保护法等必须履行的社会责任。企业的法定责任具有以下三个基本特征:①明确性,即明确企业应承担哪些社会责任,并对容易引起误解的相关内容做出准确的解释;②强制性,即强制企业承担社会责任,并以相应的法律、法规作为强制的依据,有关执法部门有权依法强制执行;③严肃性,即对企业履行法定责任的情况进行严肃认真的检查和监督,对不履行者或违反者予以追究。

第二,理性责任。人类社会的延续和发展需要社会各界履行必要的社会责任,而这些社会责任不可能完全以法律、法规来加以规范。这时,就需要人们以社会道德准则来规范自身的行为。例如,许多企业勇于承担非法定的社会责任,如接收下岗职工就业、接收残疾人就业、安排军人家属就业等;当某地发生自然灾害时,不少企业也能纷纷向受灾地区伸出援助之手;企业界还为贫困地区的经济发展和教育事业出钱出物。从某种意义上讲,企业的理性责任意识往往标志着国家的文明程度,这无疑值得大力提倡。

第三,财务管理目标与社会责任的关系。财务管理目标与社会责任的关系应建立在双方协调和统一的原则上。一般情况下,财务管理目标的实现与社会责任的履行是基本一致的,原因有以下几方面:①为了使企业价值最大化,企业必须生产出适销对路的产品,适销对路的产品既能满足社会需求也能体现企业价值;②为了使企业价值最大化,企业必须发展和应用高新技术,提高生产力水平,从而带动社会进步;③为了使企业价值最大化,企业就要挖掘潜力,增加利润,为国家提供越来越多的税收收入,以壮大国家的财政实力。

但是,企业财务管理目标的实现并不总是与社会责任的履行保持一致。有时也会因承担社会责任使企业即期利润减少从而损伤股东利益,如为了防止环境污染,企业就要付出治理污染和防止环境遭到破坏的代价。另外,社会责任中的理性责任也很难公平、合理地在企业之间进行分配。所有这些都可能使企业与社会发生矛盾,这些矛盾需要通过商业道德的约束、政府部门的行政监督以及社会公众的舆论监督予以协调和解决。

二、财务管理利益冲突的协调

(一)财务利益相关者利益冲突的成因分析

1.内部人控制严重

由于我国现代企业制度一般来说是所有权、控制权相互分离的,由此会产生经营者控制企业的现象。加之所有者与经营者的利益目标是不同的,所以导致了内部人控制公司,即内部人控制的现象产生。在我国国企集团的背景下,由于企业集团的外部成员(如政府及主管部门、债权人、股东等)的监督不力,企业的内部成员(如董事长、经理、员工)直接参与企业的各层次战略与决策,从而掌握企业的决策控制权。内部人通过对公司的控制优势,一味追求自身利益,严重损害了外部人的利益。和其他的财务相关者相比,企业的经营者作为信息灵通者有着较大的信息优势,这样使得经营者有机会操纵企业。当前国企集团的财务治理中存在的内部人控制问题,即经营者滥用职权、监督失控的状态,其问题存在于企业内部,而其根源产生于企业外部,表现为外部职责的懈怠和外部治理功能的缺失。公司很多决策都是掌握在经理层和董事会手中的,内外部的监督部门不起作用,甚至形同虚设,这样高度集中的公司权利结构几乎丧失了内部和外部的监督作用。

2.激励机制不科学

目前,激励机制不科学成为国有集团企业发展的主要矛盾。对国有企业员工激励机制的研究还存在着许多不足,是我国国有企业财务治理的一个不争的事实。就我国现状来看,企业集团的财务治理效率低下,激励体制不合理的现象普遍存在。这样的状况会导致企业管理层的主观能动性难以发挥出来,具体表现为各自的付出与收益不相匹配,管理层的收益不会随着经营绩效的增加而增加,也不会随着经营绩效的减少而减少。这种情况下,国企集团的管理者会因为无效的激励体制而寻求自我激励。譬如增加在职消费、只注重企业的短期收益而不注重长期收益等,而这些措施会严重损害其他利益相关者的利益。

(二)国企集团财务利益相关者利益协调的有效措施

1.实现财务利益相关者的共同治理

实现国企集团公司的共同治理,不仅要遵循现有的政治法律体制,而且要重视国企集团治理结构的功能和效果。扬弃股东至上的观念,探索符合我国国情的共同治理机制,加强对股东和其他利益相关者对经营者的监督管理力度,避免国有企业实质意义上的内部人控制等现象发生,最终实现财务利益相关者共同治理。

2.完善薪酬机制建设

企业集团的薪酬设计应当遵循公平性原则、激励性原则、经济性原则、薪酬体系与绩效考核相结合原则等基本要求。公平性原则是指员工之间的薪酬标准尺度应当统一,本企业的薪酬设计与同行业的同岗位具有一致性。激励性原则是指薪酬的设计要考虑到企业薪酬投入与激励效果之间的关系,使薪酬的支付获得最大的激励效果。经济性原则是指企业在支付所有员工的薪酬和其他生产成本之外还要有能够支撑企业追加和扩大投资的盈余。薪酬体系与绩效考核相结合原则是指薪酬的设计要以实际的绩效为基础。

3.完善财务利益相关者保障建设

(1)加强企业财务文化建设

要实现企业既定的财务目标,良好的企业财务文化是必不可少的。一个良好的企业文化需要协调和缓和财务利益相关者之间的矛盾和冲突,以便实现利益相关者利益最大化的最终目的。它体现了企业的财务目标公平与效率的协调一致。国企集团财务文化的建设应做到对财务管理的内涵和财务价值观的统一认识。通过对员工进行思想教育培训,知识问答,定期讲座培训等方式使得员工深入了解企业财务文化。加强宣传发动,通过制作横幅、发放宣传册、文化衫等方式加深企业员工对企业文化的认同。此外,树立典型示范,通过寻找身边有着正确企业财务文化认同的员工,宣传其优秀事迹,以达到让其余员工感同身受的目的等。

(2)健全会计监督与造假惩治机制

我国现行的会计监督机制与造假惩罚的法律和制度还不完善,针对此问题,有关部门应不断完善以会计法为中心的会计法规体系。国企集团主体应当加大会计造假查处力度,对于查处的会计造假事件必须严惩不贷。此外,政府有关部门应理顺证券市场中介机构的监督系统。目前,由于多种因素的干扰,政府监管体系并不完善,也导致了政府财务报告粉饰监管不力。

因此,有必要改革监督制度。应借助新闻媒体的力量揭露相关人员的财务造假行为,发动社会各界的力量监督、抵制、检举财务造假行为。

第三章　资产、负债的管理与核算

第一节　资产的管理与核算

本节内容，笔者以事业单位的资产管理与核算进行详细阐述。

资产是指事业单位占有或者使用的能以货币计量的经济资源，包括各种财产、债权和其他权利。流动资产是指预计在1年内（含1年）变现或者耗用的资产，包括货币资金、短期投资、应收及预付款项、存货等。短期投资是指事业单位依法取得的，持有时间不超过1年（含1年）的投资。应收及预付款项是指事业单位在开展业务活动中形成的各项债权，包括财政应返还额度、应收票据、应收账款、其他应收款等应收款项和预付账款。存货是指事业单位在开展业务活动及其他活动中为耗用而储存的资产，包括材料、燃料、包装物和低值易耗品等。长期投资是指事业单位依法取得的，持有时间超过1年（不含1年）的各种股权和债权性质的投资。在建工程是指事业单位已经发生必要支出，但尚未完工交付使用的各种建筑（包括新建、改建、扩建、修缮等）和设备安装工程。固定资产是指事业单位持有的使用期限超过1年（不含1年），单位价值在规定标准以上，并在使用过程中基本保持原有物质形态的资产，包括房屋及构筑物、专用设备、通用设备等。单位价值虽未达到规定标准，但是耐用时间超过1年（不含1年）的大批同类物资应当作为固定资产核算。无形资产是指事业单位持有的没有实物形态的可辨认非货币性资产，包括专利权、商标权、著作权、土地使用权、非专利技术等。

一、事业单位资产的分类与管理

(一)事业单位资产的概念及分类

资产是指事业单位占有或者使用的能以货币计量的经济资源,包括各种财产、债权和其他权利。事业单位的资产按照流动性,分为流动资产和非流动资产。流动资产是指预计在1年内(含1年)变现或者耗用的资产;非流动资产是指流动资产以外的资产。事业单位的流动资产包括货币资金、短期投资、应收及预付款项、存货等;非流动资产包括长期投资、在建工程、固定资产、无形资产等。

(二)事业单位资产的管理

事业单位应当建立健全单位资产管理制度,加强和规范资产配置、使用和处置管理,维护资产安全完整,保障事业健康发展。事业单位应当按照科学规范、从严控制、保障事业发展需要的原则合理配置资产。事业单位资产处置应当遵循公开、公平、公正和竞争、择优的原则,严格履行相关审批程序。事业单位应当提高资产使用效率,按照国家有关规定实行资产共享、共用。事业单位的资产应当按照取得时的实际成本进行计量。除国家另有规定外,事业单位不得自行调整其账面价值。

以支付对价方式取得的资产,应当按照取得资产时支付的现金或者现金等价物的金额,或者按照取得资产时所付出的非货币性资产的评估价值等金额计量。

取得资产时没有支付对价的,其计量金额应当按照有关凭据注明的金额加上相关税费、运输费等确定;没有相关凭据的,其计量金额比照同类或类似资产的市场价格加上相关税费、运输费等确定;没有相关凭据、同类或类似资产的市场价格也无法可靠取得的,所取得的资产应当按照名义金额入账。

二、事业单位资产的核算

(一)库存现金

1.库存现金的概念与管理

库存现金是指事业单位库存的现金,事业单位的库存现金主要用于日常的零星开支。现金是流动性最大的货币资金,是可以立即投入流通的交换媒介。现金可以随时购买所需的物资,支付有关的费用,偿还所欠的债务,也可以随时存入银行。现金的这些特性决定了事业单位必须严格遵守国家有关现金管理的规定,加强和健全对现金的内部控制制度,确保现金的安全,提高现金的使用效率,防止发生不必要的损失和浪费。①

2.库存现金的核算

为核算事业单位的库存现金,应设置“库存现金”科目。事业单位有外币现金的,应当分别按照人民币、各种外币设置“现金日记账”进行明细核算。期末借方余额反映事业单位实际持有的库存现金。

库存现金的主要账务处理如下。

第一,从银行等金融机构提取现金,按照实际提取的金额,借记本科目,贷记“银行存款”等科目;将现金存入银行等金融机构,按照实际存入的金额,借记“银行存款”等科目,贷记本科目。

第二,因内部职工出差等原因借出的现金,按照实际借出的现金金额,借记“其他应收款”科目,贷记本科目;出差人员报销差旅费时,按照应报销的金额,借记有关科目,按照实际借出的现金金额,贷记“其他应收款”科目,按其差额,借记或贷记本科目。

第三,因开展业务等其他事项收到现金,按照实际收到的金额,借记本科目,贷记有关科目;因购买服务或商品等其他事项支出现金,按照实际支出的金额,借记有关科目,贷记本科目。

第四,每日账款核对中发现现金溢余或短缺的,应当及时进行处理。如发现现金溢余,属于应支付给有关人员或单位的部分,借记本科目,贷记“其他应付款”科目;属于无法查明原因的部分,借记本科目,贷记“其他收入”科目。如发现现金短缺,属于应由责任人赔偿的部分,借记“其他应收款”科目,贷记本科目;属于无法查明原因的部分,报经批准后,借记“其他支出”科目,贷记本科目。

①雷芳．会计内部控制在企业财务管理中的应用探讨[J]．时代金融,2021(02):53-54+58.

（二）银行存款

1.银行存款的概念与管理

事业单位的银行存款是指事业单位存入银行和非银行金融机构的存款。企事业单位和行政机关的货币资金，除了保留少量的备用金外，都必须严格按照国家有关规定开立账户，以办理有关存款、取款和转账结算等业务。

事业单位也必须加强对银行存款的管理，基本要求如下。

第一，事业单位必须在经国家有关部门正式批准的银行或非银行金融机构开立账户，办理有关存款、取款和转账结算等业务。开立账户要本着相对集中，有利管理的原则，防止和杜绝开立账户过多、过滥的现象。事业单位应由单位财务部门开立账户，单位内部各部门取得的事业收入、经营收入等，都必须纳入单位财务部门的统一监管之下，其他非独立核算的部门不得另设账户。事业单位应按规定使用银行存款账户，不准出租、出借账户；单位签发各种结算凭证必须有足够的存款，严禁签发空头支票，不准携带空白支票。各种结算凭证都应如实填明收付款单位、款项来源或用途。

第二，银行存款与现金管理一样，应由出纳人员办理收付款业务。单位向银行存入和支取款项，必须以银行审核无误的结算凭证为依据，实行钱账分管、印鉴分管等内部牵制制度。

2.银行存款的核算

为核算事业单位存入银行或其他金融机构的各种存款，应设置“银行存款”科目。事业单位应当按开户银行或其他金融机构、存款种类及币种等，分别设置“银行存款日记账”。期末借方余额反映事业单位实际存放在银行或其他金融机构的款项。

银行存款的主要账务处理如下。

第一，将款项存入银行或其他金融机构，借记本科目，贷记“库存现金”“事业收入”“经营收入”等有关科目。

第二，提取和支出存款时，借记有关科目，贷记本科目。

第三，事业单位发生外币业务的，应当按照业务发生当日（或当期期初,下同)的即期汇率,将外币金额折算为人民币记账,并登记外币金额和汇率。

期末,各种外币账户的外币余额应当按照期末的即期汇率折算为人民币,作为外币账户期末人民币余额。调整后的各种外币账户人民币余额与原账面人民币余额的差额,作为汇兑损益计入相关支出。具体注意事项如下:①以外币购买物资、劳务等,按照购入当日的即期汇率将支付的外币或应支付的外币折算为人民币金额,借记有关科目,贷记本科目、“应付账款”等科目的外币账户。②以外币收取相关款项等,按照收取款项或收入确认当日的即期汇率,将收取的外币或应收取的外币折算为人民币金额,借记本科目、“应收账款”等科目的外币账户,贷记有关科目。③期末,根据各外币账户按期末汇率调整后的人民币余额与原账面人民币余额的差额,作为汇兑损益,借记或贷记本科目、“应收账款”“应付账款”等科目,贷记或借记“事业支出”“经营支出”等科目。

(三)零余额账户用款额度

1.零余额账户用款额度的概念

零余额账户用款额度仅指事业单位零余额账户中财政授权支付的额度,不包括财政直接支付用款额度。

2.零余额账户用款额度的核算

为核算实行国库集中支付的事业单位根据财政部门批复的用款计划收到和支用的零余额账户用款额度,应设置“零余额账户用款额度”科目。期末借方余额反映事业单位尚未支用的零余额账户用款额度。本科目年末应无余额。

零余额账户用款额度的主要账务处理如下:①在财政授权支付方式下,收到代理银行盖章的“授权支付到账通知书”时,根据通知书所列数额,借记本科目,贷记“财政补助收入”科目。②按规定支用额度时,借记有关科目,贷记本科目。③从零余额账户提取现金时,借记“库存现金”科目,贷记本科目。④因购货退回等发生国库授权支付额度退回的,属于以前年度支付的款项,按照退回金额,借记本科目,贷记“财政补助结转”“财政补助结余”“存货”等有关科目;属于本年度支付的款项,按照退回金额,借记本科目,贷记“事业支出”“存货”等有关科目。⑤年度终了,依据代理银行提供的对账单作注销额度的相关账务处理,借记“财政应返还额度——财政授权支付”科目,贷记本科目。事业单位本年度财政授权支付预算指标数大于零余额账户用款额度下达数的,根据未下达的用款额度,借记“财政应返还额度——财政授权支付”科目,贷记“财政补助收入”科目。

下年初,事业单位依据代理银行提供的额度恢复到账通知书作恢复额度的相关账务处理,借记本科目,贷记“财政应返还额度——财政授权支付”科目。事业单位收到财政部门批复的上年末未下达零余额账户用款额度的,借记本科目,贷记“财政应返还额度——财政授权支付”科目。

(四)短期投资

1.短期投资的概念

短期投资是指事业单位依法取得的,持有时间不超过1年(含1年)的投资,主要是国债投资。事业单位应当严格遵守国家法律、行政法规,以及财政部门、主管部门关于对外投资的有关规定。

2.短期投资的核算

为核算事业单位依法取得的,持有时间不超过1年(含1年)的投资,应设置“短期投资”科目。本科目应当按照国债投资的种类等进行明细核算。期末借方余额反映事业单位持有的短期投资成本。

短期投资的主要账务处理如下:①短期投资在取得时,应当按照其实际成本(包括购买价款及税金、手续费等相关税费)作为投资成本,借记本科目,贷记“银行存款”等科目。②短期投资持有期间收到利息时,按实际收到的金额,借记“银行存款”科目,贷记“其他收入——投资收益”科目。③出售短期投资或到期收回短期国债本息,按照实际收到的金额,借记“银行存款”科目,按照出售或收回短期国债的成本,贷记本科目,按其差额,贷记或借记“其他收入——投资收益”科目。

(五)财政应返还额度

1.财政应返还款额度的概念

财政应返还额度用于核算事业单位年度财政直接支付与授权支付和

预算指标之间的差额。

2. 财政应返还额度的核算

为核算实行国库集中支付的事业单位应收财政返还的资金额度，应设置“财政应返还额度”科目。本科目应当设置“财政直接支付”“财政授权支付”两个明细科目，进行明细核算。期末借方余额反映事业单位应收财政返还的资金额度。

财政应返还额度的主要账务处理如下。

第一，财政直接支付。年度终了，事业单位根据本年度财政直接支付预算指标数与当年财政直接支付实际支出数的差额，借记本科目（财政直接支付），贷记“财政补助收入”科目。

下年度恢复财政直接支付额度后，事业单位以财政直接支付方式发生实际支出时，借记有关科目，贷记本科目（财政直接支付）。

第二，财政授权支付。年度终了，事业单位依据代理银行提供的对账单作注销额度的相关账务处理，借记本科目（财政授权支付），贷记“零余额账户用款额度”科目。事业单位本年度财政授权支付预算指标数大于零余额账户用款额度下达数的，根据未下达的用款额度，借记本科目（财政授权支付），贷记“财政补助收入”科目。

下年初，事业单位依据代理银行提供的额度恢复到账通知书作恢复额度的相关账务处理，借记“零余额账户用款额度”科目，贷记本科目（财政授权支付）。事业单位收到财政部门批复的上年末未下达零余额账户用款额度时，借记“零余额账户用款额度”科目，贷记本科目（财政授权支付）。

（六）应收票据

1. 应收票据的概念及其分类

应收票据是指事业单位因从事经营活动、销售商品而收到的商业汇票所形成的债权。票据是一种载有一定付款日期、付款地点、付款金额和付款人的无条件支付的流通证券，也是一种可以由持票人自由转让给他人的债权凭证。应收票据相对于应收账款来说，是信用较高且风险较低的一种信用形式。

应收票据按承兑人的不同，可分为商业承兑汇票和银行承兑汇票。商业承兑汇票是由收款人签发，经付款人承兑，或由付款人签发并承兑的票据。银行承兑汇票是由收款人或承兑申请人签发，并由承兑申请人向银行申请，经由银行审查同意承兑的票据。应收票据按照是否计息来划分，可以分为带息票据和不带息票据两种。带息票据是指注明利率及付息日期的票据，不带息票据是指票据到期时按面额支付、票据上无利息的票据。

2.应收票据的核算

为核算事业单位因开展经营活动销售产品、提供有偿服务等而收到的商业汇票，包括银行承兑汇票和商业承兑汇票，应设置“应收票据”科目。本科目应当按照开出、承兑商业汇票的单位等进行明细核算。期末借方余额反映事业单位持有的商业汇票票面金额。

应收票据的主要账务处理如下。

第一，因销售产品、提供服务等收到商业汇票，按照商业汇票的票面金额，借记本科目，按照确认的收入金额，贷记“经营收入”等科目，按照应缴增值税金额，贷记“应缴税费——应缴增值税”科目。

第二，持未到期的商业汇票向银行贴现，按照实际收到的金额(即扣除贴现息后的净额)，借记“银行存款”科目，按照贴现息，借记“经营支出”等科目，按照商业汇票的票面金额，贷记本科目。

第三，将持有的商业汇票背书转让以取得所需物资时，按照取得物资的成本，借记有关科目，按照商业汇票的票面金额，贷记本科目，如有差额，借记或贷记“银行存款”等科目。

第四，商业汇票到期时，应当分别以下情况处理。首先，收回应收票据，按照实际收到的商业汇票票面金额，借记“银行存款”科目，贷记本科目；其次，因付款人无力支付票款，收到银行退回的商业承兑汇票、委托收款凭证、未付票款通知书或拒付款证明等，按照商业汇票的票面金额，借记“应收账款”科目，贷记本科目。

第五，事业单位应当设置“应收票据备查簿”，逐笔登记每一应收票据的种类、号数、出票日期、到期日、票面金额、交易合同号和付款人、承兑人、背书人姓名或单位名称、背书转让日、贴现日期、贴现率和贴现净额、收款日期、收回金额和退票情况等资料。应收票据到期结清票款或退票后,应当在备查簿内逐笔注销。

(七)应收账款

1.应收账款的概念

应收账款是指事业单位因销售商品、材料或提供劳务等应向购货单位或接受劳务单位收取的款项,包括代购货方垫付的各种运杂费等。

2.应收账款的核算

为核算事业单位因开展经营活动销售产品、提供有偿服务等而应收取的款项,应设置“应收账款”科目。本科目应当按照购货、接受劳务单位(或个人)进行明细核算。本科目期末借方余额反映事业单位尚未收回的应收账款。

应收账款的主要账务处理如下。

第一,发生应收账款时,按照应收未收金额,借记本科目,按照确认的收入金额,贷记“经营收入”等科目,按照应缴增值税金额,贷记“应缴税费——应缴增值税”科目。

第二,收回应收账款时,按照实际收到的金额,借记“银行存款”等科目,贷记本科目。

第三,逾期3年或以上、有确凿证据表明确实无法收回的应收账款,按规定报经批准后予以核销。核销的应收账款应在备查簿中保留登记。

首先,转入待处置资产时,按照待核销的应收账款金额,借记“待处置资产损益”科目,贷记本科目;其次,报经批准予以核销时,借记“其他支出”科目,贷记“待处置资产损益”科目;最后,已核销应收账款在以后期间收回的,按照实际收回的金额,借记“银行存款”等科目,贷记“其他收入”科目。

(八)预付账款

1.预付账款的概念

预付账款是指事业单位按照购货、劳务合同规定预付给供应单位的款项。

2.预付账款的核算

为核算事业单位按照购货、劳务合同规定预付给供应单位的款项,应设置“预付账款”科目。本科目应当按照供应单位(或个人)进行明细核算。事业单位应当通过明细核算或辅助登记方式,登记预付账款的资金性质(区分财政补助资金、非财政专项资金和其他资金)。期末借方余额反映事业单位实际预付但尚未结算的款项。

预付账款的主要账务处理如下。

第一,发生预付账款时,按照实际预付的金额,借记本科目,贷记“零余额账户用款额度”“财政补助收入”“银行存款”等科目。

第二,收到所购物资或劳务,按照购入物资或劳务的成本,借记有关科目,按照相应预付账款金额,贷记本科目,按照补付的款项,贷记“零余额账户用款额度”“财政补助收入”“银行存款”等科目。收到所购固定资产、无形资产的,按照确定的资产成本,借记“固定资产”“无形资产”科目,贷记“非流动资产基金——固定资产、无形资产”科目;同时,按资产购置支出,借记“事业支出”“经营支出”等科目,按照相应预付账款金额,贷记本科目,按照补付的款项,贷记“零余额账户用款额度”“财政补助收入”“银行存款”等科目。

第三,逾期3年或以上、有确凿证据表明因供货单位破产、撤销等原因已无望再收到所购物资,且确实无法收回的预付账款,按规定报经批准后予以核销。核销的预付账款应在备查簿中保留登记。

首先,转入待处置资产时,按照待核销的预付账款金额,借记“待处置资产损益”科目,贷记本科目;其次,报经批准予以核销时,借记“其他支出”科目,贷记“待处置资产损益”科目;最后,已核销预付账款在以后期间收回的,按照实际收回的金额,借记“银行存款”等科目,贷记“其他收入”科目。

(九)其他应收款

1.其他应收款的概念

其他应收款是指事业单位除财政应返还额度、应收票据、应收账款和预付账款以外的其他应收、暂付款项。如职工预借的差旅费、拨付给内部有关部门的备用金、应向职工收取的各种垫付款项等。

2.其他应收款的核算

为核算事业单位除财政应返还额度、应收票据、应收账款、预付账款以外的其他各项应收及暂付款项,应设置“其他应收款”科目。本科目应当按照其他应收款的类别及债务单位(或个人)进行明细核算。期末借方余额反映事业单位尚未收回的其他应收款。

其他应收款的主要账务处理如下。

第一,发生其他各种应收及暂付款项时,借记本科目,贷记“银行存款”“库存现金”等科目。

第二,收回或转销其他各种应收及暂付款项时,借记“库存现金”“银行存款”等科目,贷记本科目。

第三,事业单位内部实行备用金制度的,有关部门使用备用金以后应当及时到财务部门报销并补足备用金。财务部门核定并发放备用金时,借记本科目,贷记“库存现金”等科目。根据报销数用现金补足备用金定额时,借记有关科目,贷记“库存现金”等科目,报销数和拨补数都不再通过本科目核算。

第四,逾期3年或以上、有确凿证据表明确实无法收回的其他应收款,按规定报经批准后予以核销。核销的其他应收款应在备查簿中保留登记。

首先,转入待处置资产时,按照待核销的其他应收款金额,借记“待处置资产损益”科目,贷记本科目;其次,报经批准予以核销时,借记“其他支出”科目,贷记“待处置资产损益”科目;最后,已核销其他应收款在以后期间收回的,按照实际收回的金额,借记“银行存款”等科目,贷记“其他收入”科目。

(十)存货

1.存货的概念及其管理

存货是指事业单位在开展业务活动及其他活动中为耗用而储存的资产,包括材料、燃料、包装物和低值易耗品等。

事业单位随买随用的零星办公用品,可以在购进时直接列作支出,不通过本科目核算。

事业单位应当通过明细核算或辅助登记方式，登记取得存货成本的资金来源（区分财政补助资金、非财政专项资金和其他资金）。

发生自行加工存货业务的事业单位，应当在本科目下设置“生产成本”明细科目，归集核算自行加工存货所发生的实际成本（包括耗用的直接材料费用、发生的直接人工费用和分配的间接费用）。

2. 存货的核算

为核算事业单位在开展业务活动及其他活动中为耗用而储存的各种材料、燃料、包装物、低值易耗品及达不到固定资产标准的用具、装具、动植物等的实际成本，应设置“存货”科目。本科目应当按照存货的种类、规格、保管地点等进行明细核算。本科目期末借方余额反映事业单位存货的实际成本。

存货的主要账务处理如下。

第一，存货在取得时，应当按照其实际成本入账。

首先，购入的存货，其成本包括购买价款、相关税费、运输费、装卸费、保险费，以及其他使存货达到目前场所和状态所发生的支出。事业单位按照税法规定不属于增值税一般纳税人的，其购进非自用（如用于生产对外销售的产品）材料所支付的增值税款不计入材料成本。购入的存货验收入库，按确定的成本，借记本科目，贷记“银行存款”“应付账款”“财政补助收入”“零余额账户用款额度”等科目。属于增值税一般纳税人的事业单位购入非自用材料的，按确定的成本（不含增值税进项税额），借记本科目，按增值税专用发票上注明的增值税额，借记“应缴税费——应缴增值税（进项税额）”科目，按实际支付或应付的金额，贷记“银行存款”“应付账款”等科目。

其次，自行加工的存货，其成本包括耗用的直接材料费用、发生的直接人工费用和按照一定方法分配的与存货加工有关的间接费用。自行加工的存货在加工过程中发生各种费用时，借记本科目（生产成本），贷记本科目（领用材料相关的明细科目）、“应付职工薪酬”“银行存款”等科目。加工完成的存货验收入库，按照所发生的实际成本，借记本科目（相关明细科目），贷记本科目（生产成本）。

最后,接受捐赠、无偿调入的存货,其成本按照有关凭据注明的金额加上相关税费、运输费等确定;没有相关凭据的,其成本比照同类或类似存货的市场价格加上相关税费、运输费等确定;没有相关凭据、同类或类似存货的,市场价格也无法可靠取得的,该存货按照名义金额(即人民币1元,下同)入账。相关财务制度仅要求进行实物管理的除外。

接受捐赠、无偿调入的存货验收入库,按照确定的成本,借记本科目,按照发生的相关税费、运输费等,贷记"银行存款"等科目,按照其差额,贷记"其他收入"科目。

名义金额入账的情况下,按照名义金额,借记本科目,贷记"其他收入"科目;按照发生的相关税费、运输费等,借记"其他支出"科目,贷记"银行存款"等科目。

第二,存货在发出时,应当根据实际情况采用先进先出法、加权平均法或者个别计价法确定发出存货的实际成本。计价方法一经确定,不得随意变更。低值易耗品的成本于领用时一次摊销。

首先,开展业务活动等领用、发出存货,按领用、发出存货的实际成本,借记"事业支出""经营支出"等科目,贷记本科目。其次,对外捐赠、无偿调出存货,转入待处置资产时,按照存货的账面余额,借记"待处置资产损益"科目,贷记本科目。

属于增值税一般纳税人的事业单位对外捐赠、无偿调出购进的非自用材料转入待处置资产时,按照存货的账面余额与相关增值税进项税额转出金额的合计金额,借记"待处置资产损益"科目,按存货的账面余额,贷记本科目,按转出的增值税进项税额,贷记"应缴税费——应缴增值税(进项税额转出)"科目。

实际捐出、调出存货时,按照"待处置资产损益"科目的相应余额,借记"其他支出"科目,贷记"待处置资产损益"科目。

第三,事业单位的存货应当定期进行清查盘点,每年至少盘点一次。对于发生的存货盘盈、盘亏或者报废、毁损,应当及时查明原因,按规定报经批准后进行账务处理。

首先,盘盈的存货,按照同类或类似存货的实际成本或市场价格确定入账价值；同类或类似存货的实际成本、市场价格均无法可靠取得的，按照名义金额入账。盘盈的存货，按照确定的入账价值，借记本科目，贷记“其他收入”科目。其次，盘亏或者毁损、报废的存货，转入待处置资产时，按照待处置存货的账面余额，借记“待处置资产损益”科目，贷记本科目。

属于增值税一般纳税人的事业单位购进的非自用材料发生盘亏或者毁损、报废的，转入待处置资产时，按照存货的账面余额与相关增值税进项税额转出金额的合计金额，借记“待处置资产损益”科目，按存货的账面余额，贷记本科目，按转出的增值税进项税额，贷记“应缴税费——应缴增值税（进项税额转出）”科目。

报经批准予以处置时，按照“待处置资产损益”科目的相应余额，借记“其他支出”科目，贷记“待处置资产损益”科目。

处置存货过程中所取得的收入、发生的费用，以及处置收入扣除相关处置费用后的净收入的账务处理，参见“待处置资产损益”科目。

（十一）长期投资

1.长期投资的概念

长期投资是指事业单位依法取得的，持有时间超过1年（不含1年）的各种股权和债权性质的投资。

事业单位应当严格遵守国家法律、行政法规及财政部门、主管部门有关事业单位对外投资的规定。

2.长期投资的核算

为核算事业单位依法取得的，持有时间超过1年（不含1年）的股权和债权性质的投资，应设置“长期投资”科目。本科目应当按照长期投资的种类和被投资单位等进行明细核算。期末借方余额反映事业单位持有的长期投资成本。

长期投资的主要账务处理如下。

（1）长期股权投资

第一，长期股权投资在取得时，应当按照其实际成本作为投资成本。

首先，以货币资金取得的长期股权投资，按照实际支付的全部价款

（包括购买价款及税金、手续费等相关税费）作为投资成本，借记本科目，贷记“银行存款”等科目；同时，按照投资成本金额，借记“事业基金”科目，贷记“非流动资产基金——长期投资”科目。

其次，以固定资产取得的长期股权投资，按照评估价值加上相关税费作为投资成本，借记本科目，贷记“非流动资产基金——长期投资”科目，按发生的相关税费，借记“其他支出”科目，贷记“银行存款”“应缴税费”等科目；同时，按照投出固定资产对应的非流动资产基金，借记“非流动资产基金——固定资产”科目，按照投出固定资产已计提折旧，借记“累计折旧”科目，按投出固定资产的账面余额，贷记“固定资产”科目。

最后，以已入账无形资产取得的长期股权投资，按照评估价值加上相关税费作为投资成本，借记本科目，贷记“非流动资产基金——长期投资”科目，按发生的相关税费，借记“其他支出”科目，贷记“银行存款”“应缴税费”等科目；同时，按照投出无形资产对应的非流动资产基金，借记“非流动资产基金——无形资产”科目，按照投出无形资产已计提摊销，借记“累计摊销”科目，按照投出无形资产的账面余额，贷记“无形资产”科目。

以未入账无形资产取得的长期股权投资，按照评估价值加上相关税费作为投资成本，借记本科目，贷记“非流动资产基金——长期投资”科目，按发生的相关税费，借记“其他支出”科目，贷记“银行存款”“应缴税费”等科目。

第二，长期股权投资持有期间，收到利润等投资收益时，按照实际收到的金额，借记“银行存款”等科目，贷记“其他收入——投资收益”科目。

第三，转让长期股权投资，转入待处置资产时，按照待转让长期股权投资的账面余额，借记“待处置资产损益——处置资产价值”科目，贷记本科目。实际转让时，按照所转让长期股权投资对应的非流动资产基金，借记“非流动资产基金——长期投资”科目，贷记“待处置资产损益——处置资产价值”科目。

转让长期股权投资过程中取得价款、发生相关税费，以及转让价款扣除相关税费后的净收入的账务处理，参见“待处置资产损益”科目。

第四,因被投资单位破产清算等原因,有确凿证据表明长期股权投资发生损失,按规定报经批准后予以核销。将待核销长期股权投资转入待处置资产时,按照待核销的长期股权投资账面余额,借记“待处置资产损益”科目,贷记本科目。

报经批准予以核销时,借记“非流动资产基金——长期投资”科目,贷记“待处置资产损益”科目。

(2)长期债券投资

第一,长期债券投资在取得时,应当按照其实际成本作为投资成本。以货币资金购入的长期债券投资,按照实际支付的全部价款(包括购买价款及税金、手续费等相关税费)作为投资成本,借记本科目,贷记“银行存款”等科目;同时,按照投资成本金额,借记“事业基金”科目,贷记“非流动资产基金——长期投资”科目。

第二,长期债券投资持有期间收到利息时,按照实际收到的金额,借记“银行存款”等科目,贷记“其他收入——投资收益”科目。

第三,对外转让或到期收回长期债券投资本息,按照实际收到的金额,借记“银行存款”等科目,按照收回长期投资的成本,贷记本科目,按照其差额,贷记或借记“其他收入——投资收益”科目;同时,按照收回长期投资对应的非流动资产基金,借记“非流动资产基金——长期投资”科目,贷记“事业基金”科目。

(十二)固定资产

1.固定资产的概念及其管理

固定资产是指事业单位持有的使用期限超过1年(不含1年)、单位价值在规定标准以上,并在使用过程中基本保持原有物质形态的资产。单位价值虽未达到规定标准,但使用期限超过1年(不含1年)的大批同类物资也作为固定资产核算和管理。

事业单位的固定资产一般分为六类:房屋及构筑物,专用设备,通用设备,文物和陈列品,图书、档案,家具、用具、装具及动植物。有关说明如下。

第一,对于应用软件,如果其构成相关硬件不可缺少的组成部分,应当将该软件价值包括在所属硬件价值中，一并作为固定资产进行核算；如果其不构成相关硬件不可缺少的组成部分，应当将该软件作为无形资产核算。

第二，事业单位以经营租赁租入的固定资产，不作为固定资产核算，应当另设备查簿进行登记。

第三，购入需要安装的固定资产，应当先通过"在建工程"科目核算，安装完毕交付使用时再转入本科目核算。

事业单位应当根据固定资产定义，结合本单位的具体情况，制定适合于本单位的固定资产目录、具体分类方法作为进行固定资产核算的依据。事业单位应当设置"固定资产登记簿"和"固定资产卡片"，出租、出借的固定资产应当设置备查簿进行登记。

2. 固定资产的核算

为核算事业单位固定资产的原价，应设置"固定资产"科目。按照固定资产类别、项目和使用部门等进行明细核算。期末借方余额反映事业单位固定资产的原价。

固定资产的主要账务处理如下。

第一，固定资产在取得时，应当按照其实际成本入账。

首先，购入的固定资产，其成本包括购买价款、相关税费及固定资产交付使用前所发生的可归属于该项资产的运输费、装卸费、安装调试费和专业人员服务费等。以一笔款项购入多项没有单独标价的固定资产，按照各项固定资产同类或类似资产市场价格的比例对总成本进行分配，分别确定各项固定资产的入账成本。购入不需安装的固定资产，按照确定的固定资产成本，借记本科目，贷记"非流动资产基金——固定资产"科目；同时，按照实际支付金额，借记"事业支出""经营支出""专用基金——修购基金"等科目，贷记"财政补助收入""零余额账户用款额度""银行存款"等科目。购入需要安装的固定资产，先通过"在建工程"科目核算。安装完工交付使用时，借记本科目，贷记"非流动资产基金——固定资产"科目；同时，借记"非流动资产基金——在建工程"科目，贷记"在建工程"科目。购入固定资产扣留质量保证金的，应当在取得固定资产时，按照确定的成本，借记本科目（不需安装）或“在建工程”科目（需要安装），贷记“非流动资产基金——固定资产、在建工程”科目。同时取得固定资产全款发票的，应当按照构成资产成本的全部支出金额，借记“事业支出”“经营支出”“专用基金一修购基金”等科目，按照实际支付金额，贷记“财政补助收入”“零余额账户用款额度”“银行存款”等科目，按照扣留的质量保证金，贷记“其他应付款”[扣留期在1年以内（含1年）]或“长期应付款”（扣留期超过1年）科目；取得的发票金额不包括质量保证金的，应当同时按照不包括质量保证金的支出金额，借记“事业支出”“经营支出”“专用基金——修购基金”等科目，贷记“财政补助收入”“零余额账户用款额度”“银行存款”等科目。质保期满支付质量保证金时，借记“其他应付款”“长期应付款”科目，或借记“事业支出”“经营支出”“专用基金——修购基金”等科目，贷记“财政补助收入”“零余额账户用款额度”“银行存款”等科目。

其次，自行建造的固定资产，其成本包括建造该项资产至交付使用前所发生的全部必要支出。

工程完工交付使用时，按自行建造过程中发生的实际支出，借记本科目，贷记“非流动资产基金——固定资产”科目；同时，借记“非流动资产基金——在建工程”科目，贷记“在建工程”科目。已交付使用但尚未办理竣工决算手续的固定资产，按照估计价值入账，待确定实际成本后再进行调整。

再次，在原有固定资产基础上进行改建、扩建、修缮后的固定资产，其成本按照原固定资产账面价值（“固定资产”科目账面余额减去“累计折旧”科目账面余额后的净值）加上改建、扩建、修缮发生的支出，再扣除固定资产拆除部分的账面价值后的金额确定。

将固定资产转入改建、扩建、修缮时，按固定资产的账面价值，借记“在建工程”科目，贷记“非流动资产基金——在建工程”科目；同时，按固定资产对应的非流动资产基金，借记“非流动资产基金——固定资产”科目，按照固定资产已计提折旧，借记“累计折旧”科目，按照固定资产的账面余额，贷记本科目。工程完工交付使用时，借记本科目，贷记“非流动资产基金——固定资产”科目;同时,借记“非流动资产基金——在建工程”科目,贷记“在建工程”科目。

除此之外,以融资租赁方式租入的固定资产,其成本按照租赁协议或者合同确定的租赁价款、相关税费及固定资产交付使用前所发生的可归属于该项资产的运输费、途中保险费、安装调试费等确定。融资租入的固定资产,按照确定的成本,借记本科目(不需安装)或“在建工程”科目(需安装),按照租赁协议或者合同确定的租赁价款,贷记“长期应付款”科目,按照其差额,贷记“非流动资产基金——固定资产、在建工程”科目。同时,按照实际支付的相关税费、运输费、途中保险费、安装调试费等,借记“事业支出”“经营支出”等科目,贷记“财政补助收入”“零余额账户用款额度”“银行存款”等科目。定期支付租金时,按照支付的租金金额,借记“事业支出”“经营支出”等科目,贷记“财政补助收入”“零余额账户用款额度”“银行存款”等科目;同时,借记“长期应付款”科目,贷记“非流动资产基金——固定资产”科目。跨年度分期付款购入固定资产的账务处理,参照融资租入固定资产。

最后,接受捐赠、无偿调入的固定资产,按照确定的固定资产成本,借记本科目(不需安装)或“在建工程”科目(需安装),贷记“非流动资产基金——固定资产、在建工程”科目;按照发生的相关税费、运输费等,借记“其他支出”科目,贷记“银行存款”等科目。

第二,按月计提固定资产折旧时,按照实际计提金额,借记“非流动资产基金——固定资产”科目,贷记“累计折旧”科目。

第三,与固定资产有关的后续支出,应分别以下情况处理。

首先,为增加固定资产使用效能或延长其使用年限而发生的改建、扩建或修缮等后续支出的,应当计入固定资产成本,通过“在建工程”科目核算,完工交付使用时转入本科目。有关账务处理参见“在建工程”科目。其次,为维护固定资产的正常使用而发生的日常修理等后续支出的,应当计入当期支出但不计入固定资产成本,借记“事业支出”“经营支出”等科目,贷记“财政补助收入”“零余额账户用款额度”“银行存款”等科目。

第四，报经批准出售、无偿调出、对外捐赠固定资产或以固定资产对外投资，应当分别以下情况处理。

首先，出售、无偿调出、对外捐赠固定资产，转入待处置资产时，按照待处置固定资产的账面价值，借记“待处置资产损益”科目，按照已计提折旧，借记“累计折旧”科目，按照固定资产的账面余额，贷记本科目。

实际出售、调出、捐出时，按照处置固定资产对应的非流动资产基金，借记“非流动资产基金——固定资产”科目，贷记“待处置资产损益”科目。

其次，以固定资产对外投资，按照评估价值加上相关税费作为投资成本，借记“长期投资”科目，贷记“非流动资产基金——长期投资”科目，按发生的相关税费，借记“其他支出”科目，贷记“银行存款”“应缴税费”等科目；同时，按照投出固定资产对应的非流动资产基金，借记“非流动资产基金——固定资产”科目，按照投出固定资产已计提折旧，借记“累计折旧”科目，按照投出固定资产的账面余额，贷记本科目。

第五，事业单位的固定资产应当定期进行清查盘点，每年至少盘点一次。对于发生的固定资产盘盈、盘亏或者报废、毁损，应当及时查明原因，按规定报经批准后进行账务处理。

盘盈的固定资产，按照同类或类似固定资产的市场价格确定入账价值；同类或类似固定资产的市场价格无法可靠取得的，按照名义金额入账。盘盈的固定资产，按照确定的入账价值，借记本科目，贷记“非流动资产基金——固定资产”科目。

第六，盘亏或者毁损、报废的固定资产，转入待处置资产时，按照待处置固定资产的账面价值，借记“待处置资产损益”科目，按照已计提折旧，借记“累计折旧”科目，按照固定资产的账面余额，贷记本科目。报经批准予以处置时，按照处置固定资产对应的非流动资产基金，借记“非流动资产基金——固定资产”科目，贷记“待处置资产损益”科目。

处置毁损、报废固定资产过程中所取得的收入、发生的相关费用，以及处置收入扣除相关费用后的净收入的账务处理，参见“待处置资产损益”科目。

（十三）累计折旧

1. 累计折旧的概念及其管理

折旧是指在固定资产使用寿命内，按照确定的方法对应折旧金额进行系统分摊。有关说明如下：①事业单位应当根据固定资产的性质和实际使用情况，合理确定其折旧年限。省级以上财政部门、主管部门对事业单位固定资产折旧年限作出规定的，从其规定。②事业单位一般应当采用年限平均法或工作量法计提固定资产折旧。③事业单位固定资产的应折旧金额为其成本，计提固定资产折旧应考虑预计净残值。④事业单位一般应当按月计提固定资产折旧。当月增加的固定资产，当月不提折旧，从下月起计提折旧；当月减少的固定资产，当月照提折旧，从下月起不提折旧。⑤固定资产提足折旧后，无论能否继续使用，均不再计提折旧；提前报废的固定资产，也不再补提折旧；已提足折旧的固定资产，可以继续使用的，应当继续使用，规范管理。⑥计提融资租入固定资产折旧时，应当采用与自有固定资产相一致的折旧政策。能够合理确定租赁期届满时将会取得租入固定资产所有权的，应当在租入固定资产尚可使用年限内计提折旧；无法合理确定租赁期届满时能够取得租入固定资产所有权的，应当在租赁期与租入固定资产尚可使用年限两者中较短的期间内计提折旧。⑦固定资产因改建、扩建或修缮等原因而延长其使用年限的，应当按照重新确定的固定资产的成本及重新确定的折旧年限，重新计算折旧额。

事业单位应当对除下列各项资产以外的其他固定资产计提折旧：①文物和陈列品；②动植物；③图书、档案；④以名义金额计量的固定资产。

2. 累计折旧的核算

为核算事业单位固定资产计提的累计折旧，应设置“累计折旧”科目。本科目应当按照所对应固定资产的类别、项目等进行明细核算。期末贷方余额反映事业单位计提的固定资产折旧累计数。

累计折旧的主要账务处理如下：①按月计提固定资产折旧时，按照应计提折旧金额，借记“非流动资产基金——固定资产”科目，贷记本科目。

②固定资产处置时，按照所处置固定资产的账面价值，借记“待处置资产损益”科目，按照已计提折旧，借记本科目，按照固定资产的账面余额，贷记“固定资产”科目。

（十四）在建工程

1.在建工程的概念

在建工程是指事业单位已经发生必要支出，但尚未完工交付使用的各种建筑（包括新建、改建、扩建、修缮等）和设备安装工程。

事业单位的基本建设投资应当按照国家有关规定单独建账、单独核算，同时按照规定至少按月并入本科目及其他相关科目反映。事业单位应当在本科目下设置“基建工程”明细科目，核算由基建账套并入的在建工程成本。有关基建并账的具体账务处理另行规定。

2.在建工程的核算

为核算事业单位已经发生必要支出，但尚未完工交付使用的各种建筑（包括新建、改建、扩建、修缮等）和设备安装工程的实际成本，应设置“在建工程”科目。本科目应当按照工程性质和具体工程项目等进行明细核算。期末借方余额反映事业单位尚未完工的在建工程发生的实际成本。在建工程（非基本建设项目）的主要账务处理如下。

（1）建筑工程

第一，将固定资产转入改建、扩建或修缮等时，按照固定资产的账面价值借记本科目，贷记“非流动资产基金——在建工程”科目；同时，按照固定资产对应的非流动资产基金，借记“非流动资产基金——固定资产”科目，按照已计提折旧，借记“累计折旧”科目，按照固定资产的账面余额，贷记“固定资产”科目。

第二，根据工程价款结算账单与施工企业结算工程价款时，按照实际支付的工程价款，借记本科目，贷记“非流动资产基金——在建工程”科目；同时，借记“事业支出”等科目，贷记“财政补助收入”“零余额账户用款额度”“银行存款”等科目。

第三，事业单位为建筑工程借入的专门借款的利息，属于建设期间发生的，计入在建工程成本，借记本科目，贷记“非流动资产基金——在建工程”科目;同时,借记“其他支出”科目,贷记“银行存款”科目。

第四,工程完工交付使用时,按照建筑工程所发生的实际成本,借记“固定资产”科目,贷记“非流动资产基金——固定资产”科目;同时,借记“非流动资产基金——在建工程”科目,贷记本科目。

(2)设备安装

第一,购入需要安装的设备,按照确定的成本,借记本科目,贷记“非流动资产基金——在建工程”科目;同时,按照实际支付金额,借记“事业支出”“经营支出”等科目,贷记“财政补助收入”“零余额账户用款额度”“银行存款”等科目。

融资租入需要安装的设备,按照确定的成本,借记本科目,按照租赁协议或者合同确定的租赁价款,贷记“长期应付款”科目,按照其差额,贷记“非流动资产基金——在建工程”科目;同时,按照实际支付的相关税费、运输费、途中保险费等,借记“事业支出”“经营支出”等科目,贷记“财政补助收入”“零余额账户用款额度”“银行存款”等科目。

第二,发生安装费用,借记本科目,贷记“非流动资产基金——在建工程”科目;同时,借记“事业支出”“经营支出”等科目,贷记“财政补助收入”“零余额账户用款额度”“银行存款”等科目。

第三,设备安装完工交付使用时,借记“固定资产”科目,贷记“非流动资产基金——固定资产”科目;同时,借记“非流动资产基金——在建工程”科目,贷记本科目。

(十五)无形资产

1.无形资产的概念及其管理

无形资产是指事业单位持有的没有实物形态的可辨认的非货币性资产,包括专利权、商标权、著作权、土地使用权、非专利技术等。无形资产一般具有以下特征。

第一,不具有实物形态。无形资产所体现的是一种权利或获得超额利润的能力。它没有实物形态,但却有价值。不具有实物形态是无形资产区别于其他资产的显著特征。

第二,能够在较长时期内为单位带来权益和效益,因此,无形资产被界定为长期资产而不是流动资产,企业为取得无形资产所发生的支出属于资本性支出。

第三,所提供的未来经济效益具有很大的不确定性。无形资产的经济价值在很大程度上受外部因素的影响,其取得成本不能代表其经济价值。

第四,是单位有偿取得的。只有花费了支出的无形资产,才能作为无形资产入账。

2. 无形资产的核算

为核算事业单位无形资产的原价,应设置“无形资产”科目。本科目应当按照无形资产的类别、项目等进行明细核算。期末借方余额反映事业单位无形资产的原价。

无形资产的主要账务处理如下。

第一,无形资产在取得时,应当按照其实际成本入账。

首先,外购的无形资产,其成本包括购买价款、相关税费及可归属于该项资产达到预定用途所发生的其他支出。购入的无形资产,按照确定的无形资产成本,借记本科目,贷记“非流动资产基金——无形资产”科目;同时,按照实际支付金额,借记“事业支出”等科目,贷记“财政补助收入”“零余额账户用款额度”“银行存款”等科目。

其次,委托软件公司开发软件视同外购无形资产进行处理。支付软件开发费时,按照实际支付金额,借记“事业支出”等科目,贷记“财政补助收入”“零余额账户用款额度”“银行存款”等科目。软件开发完成交付使用时,按照软件开发费总额,借记本科目,贷记“非流动资产基金——无形资产”科目。

再次,自行开发并按法律程序申请取得的无形资产,按照依法取得时发生的注册费、聘请律师费等费用,借记本科目,贷记“非流动资产基金——余额账户用款额度”“银行存款”等科目。依法取得前所发生的研究开发支出,应于发生时直接计入当期支出,借记“事业支出”等科目,贷记“银行存款”等科目。

最后,接受捐赠、无偿调入的无形资产,其成本按照有关凭据注明的金额加上相关税费等确定;没有相关凭据的,其成本比照同类或类似无形资产的市场价格加上相关税费等确定;没有相关凭据、同类或类似无形资产的市场价格也无法可靠取得的,该资产按照名义金额入账。接受捐赠、无偿调入的无形资产,按照确定的无形资产成本,借记本科目,贷记“非流动资产基金——无形资产”科目;按照发生的相关税费等,借记“其他支出”科目,贷记“银行存款”等科目。

第二,按月计提无形资产摊销时,按照应计提摊销金额,借记“非流动资产基金——无形资产”科目,贷记“累计摊销”科目。

第三,与无形资产有关的后续支出,应分别以下情况处理。

首先,为增加无形资产的使用效能而发生的后续支出,如对软件进行升级改造或扩展其功能等所发生的支出,应当计入无形资产的成本,借记本科目,贷记“非流动资产基金——无形资产”科目;同时,借记“事业支出”等科目,贷记“财政补助收入”“零余额账户用款额度”“银行存款”等科目。

其次,为维护无形资产的正常使用而发生的后续支出,如对软件进行漏洞修补、技术维护等所发生的支出,应当计入当期支出但不计入无形资产成本,借记“事业支出”等科目,贷记“财政补助收入”“零余额账户用款额度”“银行存款”等科目。

第四,报经批准转让、无偿调出、对外捐赠无形资产或以无形资产对外投资,应当分别以下情况处理。

首先,转让、无偿调出、对外捐赠无形资产,转入待处置资产时,按照待处置无形资产的账面价值,借记“待处置资产损益”科目,按照已计提摊销,借记“累计摊销”科目,按照无形资产的账面余额,贷记本科目。实际转让、调出、捐出时,按照处置无形资产对应的非流动资产基金,借记“非流动资产基金——无形资产”科目,贷记“待处置资产损益”科目。转让无形资产过程中取得价款、发生相关税费,以及出售价款扣除相关税费后的净收入的账务处理,参见“待处置资产损益”科目。

其次,以已入账无形资产对外投资,按照评估价值加上相关税费作为投资成本,借记“长期投资”科目,贷记“非流动资产基金——长期投资”科目,按发生的相关税费,借记“其他支出”科目,贷记“银行存款”“应缴税费”等科目;同时,按照投出无形资产对应的非流动资产基金,借记“非流动资产基金——无形资产”科目,按照投出无形资产已计提摊销,借记“累计摊销”科目,按照投出无形资产的账面余额,贷记本科目。

第五,无形资产预期不能为事业单位带来服务潜力或经济利益的,应当按规定报经批准后将该无形资产的账面价值予以核销。

转入待处置资产时,按照待核销无形资产的账面价值,借记“待处置资产损益”科目,按照已计提摊销,借记“累计摊销”科目,按照无形资产的账面余额,贷记本科目。

报经批准予以核销时,按照核销无形资产对应的非流动资产基金,借记“非流动资产基金——无形资产”科目,贷记“待处置资产损益”科目。

(十六)累计摊销

1.累计摊销的概念

事业单位应当对无形资产进行摊销,以名义金额计量的无形资产除外。摊销是指在无形资产使用寿命内,按照确定的方法对应摊销金额进行系统分摊。有关说明如下:①事业单位应当按照如下原则确定无形资产的摊销年限:法律规定了有效年限的,按照法律规定的有效年限作为摊销年限;法律没有规定有效年限的,按照相关合同或单位申请书中的受益年限作为摊销年限;法律没有规定有效年限、相关合同或单位申请书也没有规定受益年限的,按照不少于10年的期限摊销。②事业单位应当采用年限平均法对无形资产进行摊销。③事业单位无形资产的应摊销金额为其成本。④事业单位应当自无形资产取得当月起,按月计提无形资产摊销。⑤因发生后续支出而增加无形资产成本的,应当按照重新确定的无形资产成本,重新计算摊销额。

2.累计摊销的核算

为核算事业单位无形资产计提的累计摊销,应设置“累计摊销”科目。本科目应当按照对应无形资产的类别、项目等进行明细核算。期末贷方余额反映事业单位计提的无形资产摊销累计数。

累计摊销的主要账务处理如下:①按月计提无形资产摊销时,按照应计提摊销金额,借记“非流动资产基金——无形资产”科目,贷记本科目。②无形资产处置时,按照所处置无形资产的账面价值,借记“待处置资产损益”科目，按照已计提摊销，借记本科目，按照无形资产的账面余额，贷记“无形资产”科目。

（十七）待处置资产损益

1.待处置资产损益的概念

待处置资产损益是指事业单位资产处置包括资产的出售、出让、转让、对外捐赠、无偿调出、盘亏、报废、毁损，以及货币性资产损失核销等的损益。

2.待处置资产损益的核算

为核算事业单位待处置资产的价值及处置损益，应设置“待处置资产损益”科目。本科目应当按照待处置资产项目进行明细核算；对于在处置过程中取得相关收入、发生相关费用的处置项目，还应设置“处置资产价值”“处置净收入”明细科目，进行明细核算。期末如为借方余额，反映尚未处置完毕的各种资产价值及净损失；期末如为贷方余额，反映尚未处置完毕的各种资产净溢余。年度终了报经批准处理后，本科目一般应无余额。

待处置资产损益的主要账务处理如下。

（1）按规定报经批准予以核销的应收及预付款项、长期股权投资、无形资产

第一，转入待处置资产时，借记本科目（核销无形资产的，还应借记“累计摊销”科目），贷记“应收账款”“预付账款”“其他应收款”“长期投资”“无形资产”等科目。

第二，报经批准予以核销时，借记“其他支出”科目（应收及预付款项核销）或“非流动资产基金——长期投资、无形资产”科目（长期投资、无形资产核销），贷记本科目。

（2）盘亏或者毁损、报废的存货、固定资产

第一，转入待处置资产时，借记本科目（处置资产价值）（处置固定资产的，还应借记“累计折旧”科目），贷记“存货”“固定资产”等科目。

第二，报经批准予以处置时，借记“其他支出”科目（处置存货）或“非流动资产基金——固定资产”科目（处置固定资产），贷记本科目（处置资产价值）。

第三,处置毁损、报废存货、固定资产过程中收到残值变价收入、保险理赔和过失人赔偿等,借记“库存现金”“银行存款”等科目,贷记本科目(处置净收入)。

第四,处置毁损、报废存货、固定资产过程中发生相关费用,借记本科目(处置净收入),贷记“库存现金”“银行存款”等科目。

第五,处置完毕,按照处置收入扣除相关处置费用后的净收入,借记本科目(处置净收入),贷记“应缴国库款”等科目。

(3)对外捐赠、无偿调出存货、固定资产、无形资产

第一,转入待处置资产时,借记本科目(捐赠、调出固定资产、无形资产的,还应借记“累计折旧”“累计摊销”科目),贷记“存货”“固定资产”“无形资产”等科目。

第二,实际捐出、调出时,借记“其他支出”科目(捐出、调出存货)或“非流动资产基金——固定资产、无形资产”科目(捐出、调出固定资产、无形资产),贷记本科目。

(4)转让(出售)长期股权投资、固定资产、无形资产

第一,转入待处置资产时,借记本科目(处置资产价值)(转让固定资产、无形资产的,还应借记“累计折旧”“累计摊销”科目),贷记“长期投资”“固定资产”“无形资产”等科目。

第二,实际转让时,借记“非流动资产基金——长期投资、固定资产、无形资产”科目,贷记本科目(处置资产价值)。

第三,转让过程中取得价款、发生相关税费,以及转让价款扣除相关税费后的净收入的账务处理,按照国家有关规定,比照本科目有关毁损、报废存货、固定资产进行处理。

第二节 负债的管理与核算

本节内容,笔者站在事业单位的角度,详细地对负债的管理与核算进行阐述。

一、事业单位负债的分类与管理

(一)事业单位负债的概念及分类

负债是指事业单位所承担的能以货币计量,需要以资产或者劳务偿还的债务。事业单位的负债按照流动性,分为流动负债和非流动负债。流动负债是指预计在1年内(含1年)偿还的负债;非流动负债是指流动负债以外的负债。事业单位的流动负债包括短期借款、应付及预收款项、应付职工薪酬、应缴款项等;非流动负债包括长期借款、长期应付款等。

(二)事业单位负债的管理

事业单位的负债应当以不同的性质分别进行管理,及时清理并按规定办理结算,保证各项负债在规定的期限内归还。事业单位负债的管理主要包括以下两个方面。

1.严格控制负债规模

根据事业单位的业务特点及承担的任务,其资金来源首先是国家财政补助,其次是依法组织的各项事业收入和经营收入。由于事业单位资金短缺问题的客观存在,国家允许事业单位在规定的范围内向有关部门和单位借款开展业务活动。但事业单位毕竟不是生产物质产品的企业单位,目前国家也无事业单位破产的规定。为了防止事业单位借款超过合理额度,经济效益不好时无力偿还各种债务,影响债权人的利益和事业单位各项活动的正常进行,事业单位负债必须控制在一定的范围之内。

2.及时清理各种债务

对于按规定借入的各种款项,应保证到期还本付息;对于各种应付及预收款项要及时组织清理,做到按时清算,不得长期挂账;对于各种应交款项,应严格按照国家规定及时、足额地上缴,不得无故拖欠、截留或坐支。

二、事业单位负债的核算

(一)短期借款

1.短期借款的概念及要求

短期借款是指事业单位借入的期限在1年内(含1年)的各种借款。

事业单位的短期借款主要用于事业单位临时性或特殊性的资金需要。事业单位短期借款应当遵循如下管理要求。

第一,借款要有批准的计划。各种短期借款应事先编报计划,对借款的渠道、额度、期限、利率、担保等问题作出规定,按批准的计划组织借款。

第二,借款要有相应的偿还能力。事业单位申请短期借款应认真落实偿还借款的资金来源,不得盲目举借无还款能力的借款。

第三,借款必须有合理的经济效益。因为借款不是无偿使用的,需要支付利息,并到期必须偿还,因此,事业单位申请借款时,必须认真考虑借款的经济效益,不得举借无经济效益的借款。

第四,借款要符合政策和遵守信用。事业单位借入的款项,必须按照国家有关政策使用,不得盗用其他名义,用于违背国家政策的事项。事业单位的借款必须按照合同规定及时偿还本息,不得拖欠违约。

2.短期借款的核算

为核算事业单位借入的期限在1年内(含1年)的各种借款,应设置"短期借款"科目。本科目应当按照贷款单位和贷款种类进行明细核算。期末贷方余额反映事业单位尚未偿还的短期借款本金。短期借款的主要账务处理如下:①借入各种短期借款时,按照实际借入的金额,借记"银行存款"科目,贷记本科目;②银行承兑汇票到期,本单位无力支付票款的,按照银行承兑汇票的票面金额,借记"应付票据"科目,贷记本科目;③支付短期借款利息时,借记"其他支出"科目,贷记"银行存款"科目;④归还短期借款时,借记本科目,贷记"银行存款"科目。

(二)应缴税费

1.应缴税费的概念及要求

应缴税费是指事业单位按照税法等规定计算应缴纳的各种税费,包括增值税、城市维护建设税、教育费附加、车船税、房产税、城镇土地使用税、企业所得税等。各种应缴未缴的税费形成事业单位欠国家税务机关的债务,是事业单位的负债之一。

应缴税费核算的基本要求是:按照税法规定正确计算各种应缴纳的

税费；按照税法规定及时足额地缴纳各种税费，不得拖欠、漏缴；将缴纳的税费按照有关制度要求的列支渠道正确记入有关账户。

2.应缴税费的核算

为核算事业单位按照税法等规定计算应缴纳的各种税费，应设置“应缴税费”科目。事业单位代扣代缴的个人所得税也通过本科目核算。事业单位应缴纳的印花税不需要预提应缴税费，直接通过支出等有关科目核算，不在本科目核算。本科目应当按照应缴纳的税费种类进行明细核算。

属于增值税一般纳税人的事业单位，其应缴增值税明细账中应设置“进项税额”“已交税金”“销项税额”“进项税额转出”等专栏。期末借方余额反映事业单位多缴纳的税费金额；本科目期末贷方余额反映事业单位应缴未缴的税费金额。

应缴税费的主要账务处理如下。

第一，发生城市维护建设税、教育费附加纳税义务的，按税法规定计算的应缴税费金额，借记“待处置资产损益——处置净收入”科目（出售不动产应缴的税费）或有关支出科目，贷记本科目。实际缴纳时，借记本科目，贷记“银行存款”科目。

第二，属于增值税一般纳税人的事业单位购入非自用材料的，按确定的成本（不含增值税进项税额）借记“存货”科目，按增值税专用发票上注明的增值税额，借记本科目（应缴增值税——进项税额），按实际支付或应付的金额，贷记“银行存款”“应付账款”等科目。

属于增值税一般纳税人的事业单位所购进的非自用材料发生盘亏、毁损、报废、对外捐赠、无偿调出等税法规定不得从增值税销项税额中抵扣进项税额的，将所购进的非自用材料转入待处置资产时，按照材料的账面余额与相关增值税进项税额转出金额的合计金额，借记“待处置资产损益”科目，按材料的账面余额，贷记“存货”科目，按转出的增值税进项税额，贷记本科目（应缴增值税——进项税额转出）。

属于增值税一般纳税人的事业单位销售应税产品或提供应税服务，按包含增值税的价款总额，借记“银行存款”“应收账款”“应收票据”等科目，按扣除增值税销项税额后的价款金额，贷记“经营收入”等科目，按增值税专用发票上注明的增值税金额，贷记本科目(应缴增值——销项税额)。

属于增值税一般纳税人的事业单位实际缴纳增值税时，借记本科目(应缴增值税——已交税金)，贷记“银行存款”科目。

属于增值税小规模纳税人的事业单位销售应税产品或提供应税服务时，按实际收到或应收的价款，借记“银行存款”“应收账款”“应收票据”等科目，按实际收到或应收价款扣除增值税额后的金额，贷记“经营收入”等科目，按应缴增值税金额，贷记本科目(应缴增值税)。实际缴纳增值税时，借记本科目(应缴增值税)，贷记“银行存款”科目。

第三，发生房产税、城镇土地使用税、车船税纳税义务的，按税法规定计算的应缴税金数额，借记有关科目，贷记本科目。实际缴纳时，借记本科目，贷记“银行存款”科目。

第四，代扣代缴个人所得税的，按税法规定计算应代扣代缴的个人所得税金额，借记“应付职工薪酬”科目，贷记本科目。实际缴纳时，借记本科目，贷记“银行存款”科目。

第五，发生企业所得税纳税义务的，按税法规定计算的应缴税金数额，借记“非财政补助结余分配”科目，贷记本科目。实际缴纳时，借记本科目，贷记“银行存款”科目。

第六，发生其他纳税义务的，按照应缴纳的税费金额，借记有关科目，贷记本科目。实际缴纳时，借记本科目，贷记“银行存款”等科目。

(三)应缴国库款

1.应缴国库款的概念及要求

应缴国库款是指事业单位按规定应缴入国库的款项(应缴税费除外)。

事业单位对于收取的应缴国库的各种款项，应当依法积极组织收入，并按时足额上缴，不得隐瞒不缴、挪作他用，不得以任何借口截留开支或转作预算外资金。收取的各种应缴国库款应存入银行，每月终了缴清，年终必须将全年应缴国库款结算缴清，全部缴入国库。

2.应缴国库款的核算

为核算事业单位按规定应缴入国库的款项(应缴税费除外)，应设置

“应缴国库款”科目。本科目应当按照应缴国库的各款项类别进行明细核算。期末贷方余额反映事业单位应缴入国库但尚未缴纳的款项。应缴国库款的主要账务处理如下:①按规定计算确定或实际取得应缴国库的款项时,借记有关科目,贷记本科目;②事业单位处置资产取得的应上缴国库的处置净收入的账务处理,参见“待处置资产损益”科目;③上缴款项时,借记本科目,贷记“银行存款”等科目。

(四)应缴财政专户款

1.应缴财政专户款的概念及要求

应缴财政专户款是指事业单位按规定应缴入财政专户的款项。

应缴财政专户款是国家财政资金,不是部门和单位的自有资金,必须纳入财政管理。财政部门在银行开设统一的专户,用于应缴财政专户款收入和支出的管理。部门和单位取得的应缴财政专户款必须上缴同级财政专户,支出由同级财政按专户资金收支计划和单位的财务收支计划统筹安排,从财政专户拨付,实行收支两条线管理。

事业单位应上缴财政专户的资金,必须按财政部门规定的时间及时缴入财政部门在银行开设的资金专户,不得拖欠、截留和坐收坐支。逾期未缴的,由银行从单位的资金账户中直接划入财政专户。

2.应缴财政专户款的核算

为核算事业单位按规定应缴入财政专户的款项,应设置“应缴财政专户款”科目。本科目应当按照应缴财政专户的各款项类别进行明细核算。期末贷方余额反映事业单位应缴入财政专户但尚未缴纳的款项。

应缴财政专户款的主要账务处理如下:①取得应缴财政专户的款项时,借记有关科目,贷记本科目;②上缴款项时,借记本科目,贷记“银行存款”等科目。

(五)应付职工薪酬

1.应付职工薪酬的概念

应付职工薪酬是指事业单位应付未付的职工工资、津贴补贴等。包括基本工资、绩效工资、国家统一规定的津贴补贴、社会保险费、住房公积金等。

2.应付职工薪酬的核算

为核算事业单位按有关规定应付给职工及为职工支付的各种薪酬，应设置“应付职工薪酬”科目。本科目应当根据国家有关规定按照“工资（离退休费）”“地方（部门）津贴补贴”“其他个人收入”及“社会保险费”“住房公积金”等进行明细核算。期末贷方余额反映事业单位应付未付的职工薪酬。

应付职工薪酬的主要账务处理如下：①计算当期应付职工薪酬，借记“事业支出”“经营支出”等科目，贷记本科目；②向职工支付工资、津贴补贴等薪酬，借记本科目，贷记“财政补助收入”“零余额账户用款额度”“银行存款”等科目；③按税法规定代扣代缴个人所得税，借记本科目，贷记“应缴税费——应缴个人所得税”科目；④按照国家有关规定缴纳职工社会保险费和住房公积金，借记本科目，贷记“财政补助收入”“零余额账户用款额度”“银行存款”等科目；⑤从应付职工薪酬中支付其他款项，借记本科目，贷记“财政补助收入”“零余额账户用款额度”“银行存款”等科目。

（六）应付票据

1.应付票据的概念及要求

应付票据是指事业单位对外发生债务时所开出或承兑的商业汇票，包括商业承兑汇票和银行承兑汇票。

商业承兑汇票必须由付款方（购买单位）承兑；银行承兑汇票必须由银行承兑。商业汇票在未到期前，事业单位视为一种负债。期末反映在资产负债表上应付票据项目内。

根据有关规定，事业单位签发的商业汇票承兑期限最长不超过6个月。

事业单位在商业汇票到期前，应及时将款项足额缴存开户银行，以便银行在应付票据到期日将款项划转给收款人或贴现银行。

事业单位应付票据的核算要求是：正确、及时地反映应付票据的应付金额，及时筹措资金，按时偿付票据款，维护结算信用。

2.应付票据的核算

为核算事业单位因购买材料、物资等开出、承兑的商业汇票，应设置

“应付票据”科目。本科目应当按照债权单位进行明细核算。期末贷方余额反映事业单位开出、承兑的尚未到期的商业汇票票面金额。

事业单位应当设置“应付票据备查簿”,详细登记每一笔应付票据的种类、号数、出票日期、到期日、票面金额、交易合同号、收款人姓名或单位名称,以及付款日期和金额等资料。应付票据到期结清票款后,应当在备查簿内逐笔注销。

应付票据的主要账务处理如下。

第一,开出、承兑商业汇票时,借记“存货”等科目,贷记本科目。以商业承兑汇票抵付应付账款时,借记“应付账款”科目,贷记本科目。

第二,支付银行承兑汇票的手续费时,借记“事业支出”“经营支出”等科目,贷记“银行存款”等科目。

第三,商业汇票到期时,应当分别以下情况处理:①收到银行支付到期票据的付款通知时,借记本科目,贷记“银行存款”科目;②银行承兑汇票到期,本单位无力支付票款的,按照汇票票面金额,借记本科目,贷记“短期借款”科目;③商业承兑汇票到期,本单位无力支付票款的,按照汇票票面金额,借记本科目,贷记“应付账款”科目。

(七)应付账款

1.应付账款的概念及要求

应付账款是指事业单位因购买材料、物资等而应付给供应单位的款项。它是买卖双方在交易活动中由于取得物资与支付货款的时间不一致而产生的负债。应付账款与应付票据不同,两者虽然都是由于交易活动引起的负债,但应付账款是尚未结算的债务,而应付票据是一种期票,是延期付款的证明,有承诺付款的票据作为凭据。

应付账款按实际发生额记账,其入账时间应以所购物资的所有权转移为标志。但在实际工作中要区别情况处理,在货物和发票账单不同时到达的情况下,待发票账单到达后再入账;如果月末发票账单仍未到达,可按合同价或暂估价确认负债入账,下月初红字冲回,待发票账单到达后再入账。

事业单位应加强应付账款的管理,对于应付其他单位的货款,应及时筹措资金按时偿还,以免长期占用而影响其他单位资金的正常周转。对于确实无法支付的应付款项,应按有关会计处理规定进行处理。

2.应付账款的核算

为核算事业单位因购买材料、物资等应付的款项,应设置“应付账款”科目。本科目应当按照债权单位(或个人)进行明细核算。期末贷方余额反映事业单位尚未支付的应付账款。

应付账款的主要账务处理如下:①购入材料、物资等已验收入库但货款尚未支付的,按照应付未付金额,借记“存货”等科目,贷记本科目;②偿付应付账款时,按照实际支付的款项金额,借记本科目,贷记“银行存款”等科目;③开出、承兑商业汇票抵付应付账款,借记本科目,贷记“应付票据”科目;④无法偿付或债权人豁免偿还的应付账款,借记本科目,贷记“其他收入”科目。

(八)预收账款

1.预收账款的概念及要求

预收账款是指事业单位按照合同规定向购货单位或接受劳务的单位预收的款项。事业单位预收的货款,需要在今后以交付货物或提供劳务的方式来偿付。在收到款项但尚未交付货物或提供劳务时,预收账款就是事业单位的一项负债。等到事业单位按照合同规定如期交付货物或提供劳务时,预收账款转化为收入,债务才得以清偿。如果事业单位到期无法履行合同,不能向购货单位交付货物或提供劳务,预收的货款应如数退还。

事业单位预收账款核算的基本要求是:正确反映预收账款的增减变化,及时用有关的产品或劳务清偿债务,按期结清预收账款。

2.预收账款的核算

为核算事业单位按合同规定预收的款项,应设置“预收账款”科目。本科目应当按照债权单位(或个人)进行明细核算。期末贷方余额,反映事业单位按合同规定预收但尚未实际结算的款项。预收账款的主要账务处理如下:①付款方预收款项时,按照实际预收的金额,借记“银行存款”等科目,贷记本科目;②确认有关收入时,借记本科目,按照应确认的收入金额，贷记“经营收入”等科目，按照付款方补付或退回付款方的金额，借记或贷记“银行存款”等科目；③无法偿付或债权人豁免偿还的预收账款，借记本科目，贷记“其他收入”科目。

（九）其他应付款

1.其他应付款的概念及要求

其他应付款是指事业单位除应缴税费、应缴国库款、应缴财政专户款、应付职工薪酬、应付票据、应付账款、预收账款之外的其他各项偿还期限在1年内（含1年）的应付及暂收款项，如存入保证金等。

事业单位对其他应付款核算的基本要求是：如实反映各项其他应付款的增减变及结存情况，分项目核算各项其他应付款，及时清偿各项其他应付款。

2.其他应付款的核算

为核算事业单位其他各项偿还期限在1年内（含1年）的应付及暂收款项，应设置“其他应付款”科目。本科目应当按照其他应付款的类别及债权单位（或个人）进行明细核算。期末贷方余额反映事业单位尚未支付的其他应付款。

其他应付款的主要账务处理如下：①发生其他各项应付及暂收款项时，借记“银行存款”等科目，贷记本科目；②支付其他应付款项时，借记本科目，贷记“银行存款”等科目；③无法偿付或债权人豁免偿还的其他应付款项，借记本科目，贷记“其他收入”科目。

（十）长期借款

1.长期借款的概念

长期借款是指事业单位借入的期限超过1年（不含1年）的各种借款。

2.长期借款的核算

为核算事业单位借入的期限超过1年（不含1年）的各种借款，应设置“长期借款”科目。本科目应当按照贷款单位和贷款种类进行明细核算。对于基建项目借款，还应按具体项目进行明细核算。期末贷方余额反映事业单位尚未偿还的长期借款本金。

长期借款的主要账务处理如下。

第一,借入各项长期借款时,按照实际借入的金额,借记“银行存款”科目,贷记本科目。

第二,为购建固定资产支付的专门借款利息,分别以下情况处理:①属于工程项目建设期间支付的,计入工程成本,按照支付的利息,借记“在建工程”科目,贷记“非流动资产基金——在建工程”科目;同时,借记“其他支出”科目,贷记“银行存款”科目。②属于工程项目完工交付使用后支付的,计入当期支出但不计入工程成本,按照支付的利息,借记“其他支出”科目,贷记“银行存款”科目。

第三,其他长期借款利息,按照支付的利息金额,借记“其他支出”科目,贷记“银行存款”科目。

第四,归还长期借款时,借记本科目,贷记“银行存款”科目。

(十一)长期应付款

1.长期应付款的内容及要求

长期应付款是指事业单位发生的偿还期限超过1年(不含1年)的应付款项,主要指事业单位融资租入固定资产时发生的应付租赁款、跨年度分期付款购入固定资产的价款等。

2.长期应付款的核算

为核算事业单位发生的偿还期限超过1年(不含1年)的应付款项,应设置“长期应付款”科目。本科目应当按照长期应付款的类别及债权单位(或个人)进行明细核算。期末贷方余额反映事业单位尚未支付的长期应付款。

长期应付款的主要账务处理如下:①发生长期应付款时,借记“固定资产”“在建工程”等科目,贷记本科目、“非流动资产基金”等科目。②支付长期应付款时,借记“事业支出”“经营支出”等科目,贷记“银行存款”等科目;同时,借记本科目,贷记“非流动资产基金”科目。③无法偿付或债权人豁免偿还的长期应付款,借记本科目,贷记“其他收入”科目。

第四章 财务收支管理与核算

关于企业的财务收支管理与核算已有很多学者进行过详尽的研究，因此，本章内容，笔者专门从事业单位的财务收支管理与核算入手，进行详细的阐述。

第一节 收入的科目与分类

一、业务补助型收入

（一）财政补助收入

财政补助收入是指事业单位直接从财政部门取得的和通过主管部门从财政部门取得的各类事业经费，包括正常经费和专项资金，属于国家预算资金的一部分。事业单位从相关财政部门统一领取属于预算内的资金，并用于日常活动，无须单独报账。领取财政补助要求事业单位必须做好预算工作，节约资金的使用，根据业务要求按需领款，减少财政浪费。通常将收入的资金称为拨入经费，在报表中列示于收入支出表的收入项下，月末统一划拨。主管单位的财政补助收入直接由政府部门拨款，下级事业单位的财政补助收入需联合相同层级部门申请上级主管单位，从上级综合申请金额的需要及政府所批总预算两方面考量，将款项下发至下级部门。

（二）上级补助收入

上级补助收入属于事业单位从主管部门和上级单位取得的非财政补助收入，取得的资金作为调剂收入，用于事业单位预算外的资金补贴。

值得注意的是，上级补助资金用于补助事业单位的日常预算外业务，若是指定用于专项用途并须单独报账，这一部分资金被称为拨入的事业经费，只能作为财政补助收入，不能作为上级补助收入进行二次申请拨款。由于上级补助收入只核算主管部门和上级单位对下级的非财政补贴款项，因此基层事业单位如果实行国库集中支付，则不允许直接向下级单位进行划款，且同一级事业单位应独立核算后上报至管理层对该层级进行统一核算、一并申请。

（三）基本建设拨款收入

基本建设拨款收入是指建设单位利用国家预算拨款、国内外贷款、自筹基金以及其他专项资金投资。用以改善公民生活环境，对周边进行改造建设、地域扩充、工业新建等活动。如增加居民区绿化、建设市区基础设施、扩建城市道路、开发经济贸易区等。事业单位进行政府要求的合理改造活动将有专项拨款用于基本建设，基本建设款项的拨入使事业单位能更有效地满足居民意愿，完善基础设施，基本建设拨款收入也成为事业单位收入的重要来源之一。由于基本设施的改造建设所需资金量巨大，因此对基本设施所需总资金的考察及汇报工作应十分严谨。为防止偷工减料等工程质量问题的出现给居民的生命财产安全造成影响，基本款项的上报申请应精确到各个下级部门，才能得到政府下批的专项建设资金。

二、自主管理型收入

（一）事业收入

事业收入是指事业单位开展专业业务活动及辅助活动所取得的收入。事业收入属于事业单位自主经营管理所得的收入，主要是指事业单位根据自身所属专业性质进行事业活动及其他项目所得的收入款项。如医院进行医疗工作所得医药费等收入、学校进行教育活动所得学杂费收入、工厂进行工业设计项目所得工程建材收入等。由于事业单位自主进行管理活动，对于收入款项透明化的要求就更加严苛。事业单位自主管理所得收入在统计过程中，一般要求实行收支独立化处理，凡属于事业单位预算管理的款项、应依法缴纳国家的款项、上缴至上级和政府的预算外款项等,均要从事业单位的事业收入中扣除;而从财政专户核算拨款预算外的资金、事业单位专业业务所得资金、其他周边活动所得资金等,应计入事业收入。计算事业单位自主管理所得事业收入时,应按规定日期结算出缴纳上级财政部门后的结余款项,统一进行登记上报。

(二)经营收入

经营收入是指事业单位在专业业务活动及其辅助活动之外开展非独立核算经营活动取得的收入。事业单位除完成基本的专业范围内活动外,也具有进行非独立核算范围内的经营的权利,其所得收入记入经营收入。如某些事业单位的食堂与宿舍除对员工开放外,也对外提供餐饮及住宿服务;事业单位的设备及大型场地除内部工程使用外,也进行对外租赁;单位员工及工程任务可接受外包雇佣等,均为事业单位在非独立核算范围内的额外经营收入。对外经营不仅增加了收入,更避免了在事业单位任务量少时基础设备及人员的浪费。进行自主经营的事业单位要求满足经营定价与市场价格基本持平,保证基础盈利,所得经营收入不得与事业收入相混淆。在事业单位中,事业收入属专业业务范畴,必须保证事业收入正常的情况下才能对现有资源进行经营,两者需独立核算,若两者在业务上出现交叉,难以区分,则应将具体项目汇报上级,由主管部门及财政部门根据实际情况进行裁定。

(三)附属单位缴款

附属单位缴款是指事业单位附属的独立核算单位按有关规定上缴的收入。包括附属的事业单位上缴的收入和附属的企业上缴的利润等。附属单位缴款作为上级单位的收入来源之一,上收的款项可以作为事业单位收入的一部分用于事业单位的日常开支和其他正常单位活动。特别注意的是,这里的附属单位不全包括所有下级单位,而是指下级中与该事业单位在资金和工作上有密切业务联系或合作的单位。一般情况下,两者的关系应满足:上级单位对附属单位在款项金额的调整、管理人员的任命、财政预算的修改等方面,均具有一定的决定权。只有在资金与拨付情况均满足上述隶属关系的上下级事业单位之间,才可以进行预算及资金上的费用交纳。附属单位收入的上缴大致有两种情况:定额上缴和按比例上缴。定额上缴指双方协定一个确定不变的数额,附属单位定期上缴定额收入;按比例上缴指根据双方在一段时间内的收支情况,制定合适的比例,根据比例上缴收入。

第二节 收入的管理与核算

一、财政补助收入的管理与核算

(一)财政补助收入的概念及管理

财政补助收入是指事业单位从同级财政部门取得的各类财政拨款。它是事业单位主要的收入来源,是国家财政预算对事业单位的经费拨款或补助费。事业单位应根据上级主管部门或财政部门核定的用款计划,按经费领拨关系向同级财政部门申请拨款。拨入的经费应按预算规定的用途使用,未经同级财政部门批准,不得改变用途。财政补助收入的拨款原则如下。

其一,各单位应当按照国家规定的预算级次逐级领拨经费。各级主管部门不能向没有经费领拨关系的单位纵向拨款;同级主管部门之间也不能发生横向的经费领拨关系。如有需要,应通过同级财政部门办理划转预算手续。不按预算级次领拨经费,会打乱资金供应渠道,不便于检查预算支出计划的执行情况,不便于加强预算资金管理。其二,领拨经费应按核定的预算用途领拨和转拨,坚持专款专用,不能随意改变支出用途,以保证国家核定的计划顺利完成。其三,各事业单位应在每个月度开始前,根据核定的年度预算,编制月度用款计划,报上级单位或财政部门核定,作为领拨经费的依据。

(二)财政补助收入的核算

为核算事业单位从同级财政部门取得的各类财政拨款,应设置“财政补助收入”科目。本科目应当再设置“基本支出”和“项目支出”两个明细科目；两个明细科目下按照《政府收支分类科目》中“支出功能分类”的相关科目进行明细核算；同时，在“基本支出”明细科目下按照“人员经费”和“日常公用经费”进行明细核算，在“项目支出”明细科目下按照具体项目进行明细核算。期末结账后，本科目应无余额。

财政补助收入的主要账务处理如下。

第一，财政直接支付方式下，对财政直接支付的支出，事业单位根据财政国库支付执行机构委托代理银行转来的《财政直接支付入账通知书》及原始凭证，按照通知书中的直接支付入账金额，借记有关科目，贷记本科目。

年度终了，根据本年度财政直接支付预算指标数与当年财政直接支付实际支出数的差额，借记“财政应返还额度——财政直接支付”科目，贷记本科目。

第二，财政授权支付方式下，事业单位根据代理银行转来的《授权支付到账通知书》，按照通知书中的授权支付额度，借记“零余额账户用款额度”科目，贷记本科目。

年度终了，事业单位本年度财政授权支付预算指标数大于零余额账户用款额度下达数的，根据未下达的用款额度，借记“财政应返还额度财政授权支付”科目，贷记本科目。

第三，其他方式下，实际收到财政补助收入时，按照实际收到的金额，借记“银行存款”等科目，贷记本科目。

第四，因购货退回等发生国库直接支付款项退回的，属于以前年度支付的款项，按照退回金额，借记“财政应返还额度”科目，贷记“财政补助结转”“财政补助结余”“存货”等有关科目；属于本年度支付的款项，按照退回金额，借记本科目，贷记“事业支出”“存货”等有关科目。

第五，期末，将本科目本期发生额转入财政补助结转，借记本科目，贷记“财政补助结转”科目。

二、事业收入的管理与核算

事业收入是指事业单位开展专业业务活动及其辅助活动取得的收入。其中，按照国家有关规定应当上缴国库或者财政专户的资金，不计入事业收入；从财政专户核拨给事业单位的资金和经核准不上缴国库或者财政专户的资金，计入事业收入。

（一）事业收入的管理

事业单位在加强对事业收入的管理时，应遵循如下原则。

1.按国家政策规定组织事业收入

由于事业单位本身的特点，它的业务活动目标是提供社会公益服务，而不是创造利润。因此，事业单位的事业收入是为了保证正常的业务活动需要，要按国家规定的收费标准向服务对象收取的服务报酬。任何单位不得擅自扩大收费范围和提高收费标准。凡违反国家收费范围和收费标准的收费项目，必须坚决予以纠正。

2.依法缴纳各种税费

事业单位依法取得的各项收入，按照税法规定属于纳税范围的，应依法计算缴纳各种税费，不得发生偷税、漏税行为。

3.按规定使用事业收入

事业收入按规定只能用于弥补财政补助收入和上级补助收入在事业开支方面的不足。以上三项收入可以合并统一管理和使用，但不能用于基本建设支出及其他支出。事业收入如有结余，可按规定转作事业基金。

（二）事业收入的核算

为核算事业单位开展专业业务活动及其辅助活动取得的收入，应设置“事业收入”科目。本科目应当按照事业收入类别、项目、《政府收支分类科目》中“支出功能分类”相关科目等进行明细核算。事业收入中如有专项资金收入，还应按具体项目进行明细核算。期末结账后，本科目应无余额。

事业收入的主要账务处理如下。

第一，采用财政专户返还方式管理的事业收入。

首先，收到应上缴财政专户的事业收入时，按照收到的款项金额，借记“银行存款”“库存现金”等科目，贷记“应缴财政专户款”科目；其次，向财政专户上缴款项时，按照实际上缴的款项金额，借记“应缴财政专户款”科目，贷记“银行存款”等科目；再次，收到从财政专户返还的事业收入时，按照实际收到的返还金额，借记“银行存款”等科目，贷记本科目。

第二，其他事业收入。

收到事业收入时，按照收到的款项金额，借记“银行存款”“库存现金”等科目，贷记本科目。涉及增值税业务的，相关账务处理参照“经营收入”科目。

第三，期末，将本科目本期发生额中的专项资金收入结转入非财政补助结转，借记本科目下各专项资金收入明细科目，贷记“非财政补助结转”科目；将本科目本期发生额中的非专项资金收入结转入事业结余，借记本科目下各非专项资金收入明细科目，贷记“事业结余”科目。

三、上级补助收入的管理与核算

（一）上级补助收入的概念及管理

上级补助收入是指事业单位从主管部门和上级单位取得的非财政补助收入。事业单位按经费领拨关系取得的经费不足以弥补正常业务活动的开支时，还可以向主管部门或上级单位申请取得补助款。这种补助款如果不需要单独报账，分为专项资金和非专项资金，作为“上级补助收入”核算。这种补助款除用以弥补本单位的业务活动支出外，还可以用于转拨给附属单位弥补其业务活动支出。

（二）上级补助收入的核算

为核算事业单位从主管部门和上级单位取得的非财政补助收入，应设置“上级补助收入”科目。本科目应当按照发放补助单位、补助项目、《政府收支分类科目》中“支出功能分类”相关科目等进行明细核算。上级补助收入中如有专项资金收入，还应按具体项目进行明细核算。期末结账后，本科目应无余额。

上级补助收入的主要账务处理如下：①收到上级补助收入时，按照实际收到的金额，借记“银行存款”等科目，贷记本科目。②期末，将本科目本期发生额中的专项资金收入结转入非财政补助结转，借记本科目下各专项资金收入明细科目，贷记“非财政补助结转”科目；将本科目本期发生额中的非专项资金收入结转入事业结余,借记本科目下各非专项资金收入明细科目,贷记“事业结余”科目。

四、附属单位上缴收入的管理与核算

(一)附属单位上缴收入的概念及管理

附属单位上缴收入是指事业单位附属的独立核算单位按照有关规定上缴的收入。附属独立核算单位一般是指有独立法人资格的单位,其中包括事业单位和企业。事业单位取得的附属单位上缴款是凭借特定的经济关系获得的,一旦取得,即为事业单位拥有,不再需要提任何条件。因此,事业单位在实际收到所属单位上缴的款项时,即可确定为收入。

事业单位对附属单位上缴收入管理应做到以下几点:①监督附属单位上缴收入的真实性和合法性。②查明有无隐匿不报的收入,防止其少缴收入;查明有无不合法的收入,防止附属单位以上缴收入而掩盖其不合法的业务活动。③下属单位收入的分成比例是否符合规定,若发现比例有误应及时调整。④对附属单位上缴收入的核算与管理应注意其与经营收入的区别。两者的主要区别是看其经营活动过程及结果是否独立核算。

(二)附属单位上缴收入的核算

为核算事业单位附属独立核算单位按照有关规定上缴的收入,应设置“附属单位上缴收入”科目。本科目应当按照附属单位、缴款项目、《政府收支分类科目》中“支出功能分类”相关科目等进行明细核算。附属单位上缴收入中如有专项资金收入,还应按具体项目进行明细核算。期末结账后,本科目应无余额。

附属单位上缴收入的主要账务处理如下:①收到附属单位缴来款项时,按照实际收到金额,借记“银行存款”等科目,贷记本科目。②期末,将本科目本期发生额中的专项资金收入结转入非财政补助结转,借记本科目下各专项资金收入明细科目,贷记“非财政补助结转”科目;将本科目本期发生额中的非专项资金收入结转入事业结余,借记本科目下各非专项资金收入明细科目,贷记“事业结余”科目。

五、经营收入的管理与核算

(一)经营收入的概念及管理

经营收入是指事业单位在专业业务活动及其辅助活动之外开展非独立核算经营活动取得的收入。

1.事业单位的经营收入必须具备以下特征

第一,经营收入是经营活动取得的收入,而不是专业业务活动及辅助活动取得的收入。比如,科学事业单位对社会开展服务活动,将闲置的固定资产出租,出借取得的收入属于经营活动取得的收入,而科学事业单位为有关单位提供科研服务取得的收入只能作为事业收入,不能作为经营收入处理。

第二,经营收入是非独立核算的经营活动取得的收入,而不是独立核算的经营活动取得的收入。单位对其经营活动的过程及结果独立地、完整地进行会计核算,称为独立核算。独立核算的经营单位将纯收入的一部分上缴,事业单位只能作附属单位上缴收入,不能作为经营收入处理。

需要指出的是,事业单位的经营活动,应当尽可能进行独立核算,自负盈亏,执行企业会计制度。只有那些经营规模较小、不便或无法独立核算的,才纳入经营收入中核算。

2.经营收入管理的要求

事业单位从事经营活动时,应根据市场需要,以生产销售产品、调拨销售产品、提供劳务服务等方式取得收入。具体管理要求如下:①努力提供符合社会需要且价格较为合理的产品或劳务,实现较多的营业收入以达到较高的盈利水平。②事业单位经营活动取得的收入,要全部纳入单位预算,实行统一核算、统一管理。

3.经营收入的确认

第一,事业单位的经营收入一般采用权责发生制的原则确认,即在提供劳务或发出商品时收讫价款或取得索取价款的凭据时予以确认。对于长期项目取得的经营收入,一般应根据项目年度完成进度确定年度经营收入。

第二,事业单位取得经营收入时,需要确定经营收入的数额,属于一般的收入(非增值税纳税项目的收入),按实收或应收价款记入“经营收入”账户;属于增值税纳税项目的收入,按实收或应收价款扣除增值税销项税额,记入“经营收入”账户。

(二)经营收入的核算

为核算事业单位在专业业务活动及其辅助活动之外开展非独立核算经营活动取得的收入,应设置“经营收入”科目。本科目应当按照经营活动类别、项目、《政府收支分类科目》中的“支出功能分类”及相关科目等进行明细核算。期末结账后,本科目应无余额。

经营收入的主要账务处理如下。

第一,经营收入应当在提供服务或发出存货,同时收讫价款或者取得索取价款的凭据时,按照实际收到或应收的金额确认收入。

实现经营收入时,按照确定的收入金额,借记“银行存款”“应收账款”“应收票据”等科目,贷记本科目。

属于增值税小规模纳税人的事业单位实现经营收入,按实际出售价款,借记“银行存款”“应收账款”“应收票据”等科目,按出售价款扣除增值税额后的金额,贷记本科目,按应缴增值税金额,贷记“应缴税费——应缴增值税”科目。

属于增值税一般纳税人的事业单位实现经营收入,按包含增值税的价款总额,借记“银行存款”“应收账款”“应收票据”等科目,按扣除增值税销项税额后的价款金额,贷记本科目,按增值税专用发票上注明的增值税金额,贷记“应缴税费——应缴增值税(销项税额)”科目。

第二,期末,将本科目本期发生额转入经营结余,借记本科目,贷记“经营结余”科目。

六、其他收入的管理与核算

(一)其他收入的概念及管理

其他收入是指财政补助收入、事业收入、上级补助收入、附属单位上缴收入和经营收入以外的各项收入,包括投资收益、利息收入、捐赠收入等其他收入按实际收到数额予以确认。

事业单位的其他收入项目繁多,来源渠道分散,且有很大的自主性,应加强管理和核算。管理中应遵循以下原则。

第一,按政策规定组织收入。其他收入中的多数经济业务是由各单位自行组织的,这就要求各单位必须遵守国家的有关规定,按统一收费标准收费,不能擅自提高收费标准。没有统一收费标准的,要合理收费。

第二,依法缴纳税费。按现行税法规定,事业单位的其他收入如果符合税法的纳税范围,应按规定缴纳税款。

(二)其他收入的核算

为核算事业单位除财政补助收入、事业收入、上级补助收入、附属单位上缴收入、经营收入以外的各项收入,包括投资收益、银行存款利息收入、租金收入、捐赠收入、现金盘盈收入、存货盘盈收入、收回已核销应收及预付款项、无法偿付的应付及预收款项等外,应设置“其他收入”科目。本科目应当按照其他收入的类别、《政府收支分类科目》中的“支出功能分类”相关科目等进行明细核算。对于事业单位对外投资实现的投资净损益,应单设“投资收益”明细科目进行核算;其他收入中如有专项资金收入(如限定用途的捐赠收入),还应按具体项目进行明细核算。期末结账后,本科目应无余额。

其他收入的主要账务处理如下。

第一,投资收益。

首先,对外投资持有期间收到利息、利润等时,按实际收到的金额,借记“银行存款”等科目,贷记本科目(投资收益)。

其次,出售或到期收回国债投资本息,按照实际收到的金额,借记“银行存款”等科目,按照出售或收回国债投资的成本,贷记“短期投资”“长期投资”科目,按其差额,贷记或借记本科目(投资收益)。

第二,银行存款利息收入、租金收入。

收到银行存款利息、资产承租人支付的租金,按照实际收到的金额,借记“银行存款”等科目,贷记本科目。

第三,捐赠收入。

首先,接受捐赠现金资产,按照实际收到的金额,借记“银行存款”等科目，贷记本科目。其次，接受捐赠的存货验收入库，按照确定的成本，借记“存货”科目，按照发生的相关税费、运输费等，贷记“银行存款”等科目，按照其差额，贷记本科目。接受捐赠固定资产、无形资产等非流动资产，不通过本科目核算。

第四，现金盘盈收入。

每日现金账款核对中如发现现金溢余，属于无法查明原因的部分，借记“库存现金”科目，贷记本科目。

第五，存货盘盈收入。

盘盈的存货，按照确定的入账价值，借记“存货”科目，贷记本科目。

第六，收回已核销应收及预付款项。

已核销应收账款、预付账款、其他应收款在以后期间收回的，按照实际收回的金额，借记“银行存款”等科目，贷记本科目。

第七，无法偿付的应付及预收款项。

无法偿付或债权人豁免偿还的应付账款、预收账款、其他应付款及长期应付款，借记“应付账款”“预收账款”“其他应付款”“长期应付款”等科目，贷记本科目。

第八，期末，将本科目本期发生额中的专项资金收入结转入非财政补助结转，借记本科目下各专项资金收入明细科目，贷记“非财政补助结转”科目；将本科目本期发生额中的非专项资金收入结转入事业结余，借记本科目下各非专项资金收入明细科目，贷记“事业结余”科目。

第三节 支出的科目与分类

一、事业支出

（一）事业支出的概念

事业支出是指事业单位开展专业业务活动及其辅助活动发生的基本支出和项目支出。

(二)事业支出的内容

1.工资福利支出

基本工资:指单位工作人员的岗位工资、薪级工资等。

津贴补贴:指单位在基本工资之外按规定开支的职工艰苦边远地区津贴、地区附加津贴、岗位性津贴等。

奖金:指事业单位按规定开支的各类奖金。

伙食补助费:指单位发给职工的伙食补助费,如误餐补助等。

社会保障缴费:反映单位为职工缴纳的基本养老、基本医疗、失业、工伤、生育等社会保险费,残疾人就业保障金等。

其他工资福利支出:指上述项目未包括的人员工资,如加班工资、病假工资等。

2.商品和服务支出

办公费:指单位购买按财务会计制度规定不符合固定资产确认标准的日常办公用品、书报杂志等开支。

水费:指单位支付的水费、污水处理费等开支。

电费:指单位的电费开支。

邮电费:指单位开支的信函、包裹、货物等物品的邮寄费及电话费、电报费、传真费、网络通信费等。

取暖费:指单位取暖用燃料费、热力费、炉具购置费、锅炉临时工工资、节煤奖,以及由单位支付的在职职工和离退休人员宿舍取暖费等。

交通费:指单位车船等各类交通工具的租用费、燃料费、维修费、过桥过路费、保险费、安全奖励费等。

差旅费:指单位工作人员出差的住宿费、旅费、伙食补助费、杂费、干部及大中专学生调遣费、调干家属旅费补助等。

培训费:指单位的各类培训支出,包括按规定提取的职工教育经费。

招待费:指单位按规定开支的各类接待费用,包括外宾接待费用。

劳务费:指单位支付给单位或个人的劳务费用,如临时聘用人员、钟点工工资、稿费、翻译费、评审费等。

工会经费:指单位按规定提取的工会经费。

福利费:指单位按规定提取的福利费。

其他一般商品和服务支出:指上述项目未包括的日常公用经费,如行政赔偿费和诉讼费、会员费、采访费、广告宣传费、其他劳务费等。[①]

3.对个人和家庭的补助支出

离休费:指单位离休人员的离休费、护理费和其他补贴等。

退休费:指单位退休人员的退休费和其他补贴等。

退职(役)费:指单位退职人员的生活补贴、一次性支付给职工的退职补助等。

抚恤金:指按规定开支的烈士遗属、牺牲病故人员遗属的一次性和定期抚恤金,伤残人员的抚恤金,离退休等其他人员的各项抚恤金。

生活补助:指单位职工和遗属的生活补助,因公负伤等住院治疗、住院疗养期间的伙食补助费等。

救济金:指按规定开支的城乡贫困人员、灾民、归侨、外侨及其他人员的生活救济费用等。

医疗费:指单位在职职工、离退休人员的医疗费等。

助学金:指各类学校学生助学金、奖学金、学生贷款、出国留学人员的生活费,按规定支付的外国留学生的奖学金、进修生生活补助等。

奖励金:指按规定开支的各项奖励支出,如计划生育目标责任奖励、独生子女父母奖励等。

住房公积金:指单位按在职职工工资总额的一定比例为职工缴纳的住房公积金。

提租补贴:指单位按房改政策规定标准向职工(含离退休人员)发放的租金补贴。

购房补贴:指单位按房改政策规定标准向职工(含离退休人员)发放的购房补贴。

其他对个人和家庭的补助支出:指未包括在上述项目内的个人和家庭的各项支出,如婴幼儿补贴、职工探亲旅费、退职人员及随行家属路费等。

①周艳华.管理会计与财务会计的融合发展研究[J].商展经济,2021(02):104-106.

4.基本建设支出

房屋建筑物购建:指单位用于购买、自行建造办公用房、仓库、职工生活用房、教学科研用房、学生宿舍、食堂等建筑物的开支。

办公设备购置:指单位用于购置并按财务会计制度规定纳入固定资产核算范围管理的办公家具和办公设备等开支。

专用设备购置:指单位用于购置具有专门用途,并按财务会计制度规定纳入固定资产核算范围管理的各类专用设备的开支,如通信设备、交通监控设备、卫星转发器等。

交通工具购置:指单位用于购置各类交通工具的开支(含车辆购置税)。

基础设施建设:指按规定用于道路、桥梁、水坝等公共基础设施建设方面的开支。

大型修缮:指单位按财务会计制度规定用于资本化的各类设备、建筑物等的大型修缮开支。

信息网络购建:指按规定用于信息网络方面的开支。

物资储备:指按规定用于战略性和应急性物资储备的开支。

其他基本建设支出:指未包括在上述项目的基本建设支出,如用于著作权、商标权等无形资产购置方面的开支。

5.其他资本性支出

其他资本性支出包括以下几种:①房屋建筑物购建;②办公设备购置;③专用设备购置;④交通工具购置;⑤基础设施建设;⑥大型修缮;⑦信息网络购建;⑧物资储备;⑨其他资本性支出。

二、上缴上级支出

上缴上级支出是指事业单位按照财政部门和主管部门的规定上缴上级单位的支出。

事业单位,上缴上级支出与应交财政专户款在性质上是不同的。事业单位上缴上级支出主要来源于事业单位的事业收入和经营收入,即事业单位利用自身资源取得的收入。

三、对附属单位补助支出

对附属单位补助支出是指事业单位用财政补助收入之外的收入对附属单位补助发生的支出。其特点为:是无偿拨付的、不需单独报账的、国家预算以外的资金。如果上级事业单位对附属单位的非财政资金补助限定用于特殊的业务活动或某项专门活动,且要求附属单位单独核算并报账,则称为拨出专款。向附属企业投入须按投资协议或合同的规定,由附属企业支付资金使用费或缴纳利润的资金为事业单位的对外投资。

四、经营支出

经营支出是指事业单位在专业业务活动及其辅助活动之外开展非独立核算经营活动发生的支出。事业单位开展非独立核算的经营活动,其目的是充分利用事业单位现有的资源。通过向社会提供经营性服务筹集更多的资金,以支持事业的发展。对于有条件进行独立核算的经营单位,应予以鼓励,使其执行企业会计制度,逐步向企业化管理过渡。

五、其他支出

其他支出是指事业支出、对附属单位补助支出、上缴上级支出和经营支出以外的各项支出,包括利息支出、捐赠支出等。

第四节 支出的管理与核算

一、事业支出的管理与核算

(一)办理事业支出的有关管理规定

第一,按批准的预算和计划用款。事业单位各项事业支出应事先编报预算和计划,报经财政部门或上级主管部门批准,按预算和计划使用资金,不得办理无预算和无计划用款。

第二,按财务制度和开支标准办理支付。事业单位在办理支出时,应严格按照事业支出核算口径和财务制度的规定办理,自觉维护国家的有关财经政策和法规,对不符合制度规定和开支标准的支出应拒绝办理。

第三,按规定的资金渠道列报支出。事业单位从不同渠道取得的资金,用于不同方面的开支。财政补助收入、上级补助收入及事业单位自行组织的收入,只能用于正常的事业支出,不能用于经营活动开支。

(二)事业支出的核算

为核算事业单位开展专业业务活动及其辅助活动发生的基本支出和项目支出,应设置“事业支出”科目。本科目应当按照“基本支出”“项目支出”“财政补助支出”“非财政专项资金支出”和“其他资金支出”等层级进行明细核算,并按照《政府收支分类科目》中“支出功能分类”相关科目进行明细核算;“基本支出”和“项目支出”明细科目下应当按照《政府收支分类科目》中“支出经济分类”的款级科目进行明细核算;同时,在“项目支出”明细科目下按照具体项目进行明细核算。期末结账后,本科目应无余额。

事业支出的主要账务处理如下。

第一,为从事专业业务活动及其辅助活动人员计提的薪酬等,借记本科目,贷记“应付职工薪酬”等科目。

第二,开展专业业务活动及其辅助活动领用的存货,按领用存货的实际成本,借记本科目,贷记“存货”科目。

第三,开展专业业务活动及其辅助活动中发生的其他各项支出,借记本科目,贷记“库存现金”“银行存款”“零余额账户用款额度”“财政补助收入”等科目。

第四,期末,将本科目(财政补助支出)本期发生额结转入“财政补助结转”科目,借记“财政补助结转——基本支出结转、项目支出结转”科目,贷记本科目(财政补助支出——基本支出、项目支出)或本科目(基本支出——财政补助支出、项目支出——财政补助支出);将本科目(非财政专项资金支出)本期发生额结转入“非财政补助结转”科目,借记“非财政补助结转”科目,贷记本科目(非财政专项资金支出)或本科目(项目支出——非财政专项资金支出);将本科目(其他资金支出)本期发生额结转入“事业结余”科目,借记“事业结余”科目,贷记本科目(其他资金支出)或本科目(基本支出——其他资金支出、项目支出——其他资金支出)。[①]

二、上缴上级支出的管理与核算

(一)上缴上级支出的管理

上缴前,该收入属于事业单位收入的一部分,归事业单位所有。而应交财政专户的款项来源于事业单位因履行或代行政府职能,依据国家法律、法规和具有法律效力的规章而收取、提取和安排使用的未纳入国家预算的各种财政性资金,属于国家的纳入专户管理资金。事业单位对应交财政专户款无所有权和使用权。事业单位在取得这类款项时,不能作为自身的收入,而是作为负债,要在规定的时间内上缴财政专户。

(二)上缴上级支出的核算

为核算事业单位按照财政部门和主管部门的规定上缴上级单位的支出,应设置"上缴上级支出"科目。本科目应当按照收缴款项单位、缴款项目、《政府收支分类科目》中"支出功能分类"相关科目等进行明细核算。期末结账后,本科目应无余额。

上缴上级支出的主要账务处理如下:①按规定将款项上缴上级单位的,按照实际上缴的金额,借记本科目,贷记"银行存款"等科目;②期末,将本科目本期发生额转入事业结余,借记"事业结余"科目,贷记本科目。

三、附属单位补助支出的管理与核算

(一)附属单位补助支出的管理

由于附属单位,尤其是附属事业单位在性质、占用资源、所处条件上的区别,各单位收入弥补支出的能力各不相同。有些附属单位除财政补助收入之外的其他收入很少,维持单位正常业务和职工正常福利较为困难。

为了保证事业活动的正常进行,上级单位应对收入抵补支出有困难的附属单位给予一定的资金支持,资金来源可以是收入较多的附属单位上缴

①俞礼华.新形势下财务会计向管理会计转型的实施方式研究[J].今日财富,2021(03):96-97.

的款项,也可以是事业单位自己组织的除财政补助收入以外的其他资金。

(二)附属单位补助支出的核算

为核算事业单位用财政补助收入之外的收入对附属单位补助发生的支出,应设置“附属单位补助支出”科目。本科目应当按照接受补助单位、补助项目、《政府收支分类科目》中“支出功能分类”相关科目等进行明细核算。期末结账后,本科目应无余额。

对附属单位补助支出的主要账务处理如下:①发生对附属单位补助支出的,按照实际支出的金额,借记本科目,贷记“银行存款”等科目;②期末,将本科目本期发生额转入事业结余,借记“事业结余”科目,贷记本科目。

四、经营支出的管理与核算

(一)经营支出的管理

事业单位在经营活动中,应当正确归集和分配实际发生的各项费用。为经营活动所耗费的材料、工资、费用等,应直接计入经营支出。无法直接归集的各项支出,应按规定的比例合理分摊。由事业单位在事业支出中统一垫支的各项费用,按规定应由经营支出负担的部分,要冲减事业支出。在经营活动中取得的收入应当与支出相配比。

经营支出核算的具体构成项目,应参照事业支出具体内容的构成项目执行。经营业务较多的事业单位,可按经营业务的主要类别设置明细账户。

(二)经营支出的核算

为核算事业单位在专业业务活动及其辅助活动之外开展非独立核算经营活动发生的支出,应设置“经营支出”科目。事业单位开展非独立核算经营活动的,应当正确归集开展经营活动发生的各项费用数;无法直接归集的,应当按照规定的标准或比例合理分摊。事业单位的经营支出与经营收入应当配比。本科目应当按照经营活动类别、项目、《政府收支分类科目》中“支出功能分类”相关科目等进行明细核算。期末结账后,本科目应无余额。

经营支出的主要账务处理如下：①在专业业务活动及其辅助活动之外开展非独立核算经营活动人员计提的薪酬等，借记本科目，贷记“应付职工薪酬”等科目；②在专业业务活动及其辅助活动之外开展非独立核算经营活动领用、发出的存货，按领用、发出存货的实际成本，借记本科目，贷记“存货”科目；③在专业业务活动及其辅助活动之外开展非独立核算经营活动中发生的其他各项支出，借记本科目，贷记“库存现金”“银行存款”“应缴税费”等科目；④期末，将本科目本期发生额转入经营结余，借记“经营结余”科目，贷记本科目。

五、其他支出的管理与核算

为核算事业单位除事业支出、上缴上级支出、对附属单位补助支出、经营支出以外的各项支出，包括利息支出、捐赠支出、现金盘亏损失、资产处置损失、接受捐赠（调入）非流动资产发生的税费支出等外，应设置“其他支出”科目。本科目应当按照其他支出的类别、《政府收支分类科目》中“支出功能分类”相关科目等进行明细核算。其他支出中如有专项资金支出，还应按具体项目进行明细核算。期末结账后，本科目应无余额。

其他支出的主要账务处理如下。

（一）利息支出

支付银行借款利息时，借记本科目，贷记“银行存款”科目。

（二）捐赠支出

第一，对外捐赠现金资产，借记本科目，贷记“银行存款”等科目。第二，对外捐出存货，借记本科目，贷记“待处置资产损益”科目。第三，对外捐赠固定资产、无形资产等非流动资产，不通过本科目核算。

（三）现金盘亏损失

每日现金账款核对中如发现现金短缺，属于无法查明原因的部分，报经批准后，借记本科目，贷记“库存现金”科目。

（四）资产处置损失

报经批准核销应收及预付款项、处置存货，借记本科目，贷记“待处置资产损益”科目。

（五）接受捐赠（调入）非流动资产发生的税费支出

接受捐赠、无偿调入非流动资产发生的相关税费、运输费等，借记本科目，贷记“银行存款”等科目。

以固定资产、无形资产取得长期股权投资，所发生的相关税费计入本科目。具体账务处理参见“长期投资”科目。

期末，将本科目本期发生额中的专项资金支出结转入非财政补助结转，借记“非财政补助结转”科目，贷记本科目下各专项资金支出明细科目；将本科目本期发生额中的非专项资金支出结转入事业结余，借记“事业结余”科目，贷记本科目下各非专项资金支出明细科目。

第五章 财务分析及会计实践应用

第一节 财务分析概述

一、财务分析的含义与作用

(一)财务分析的含义

财务分析就是以会计核算和报表资料及其他相关资料为依据,采用一系列专门的分析技术和方法,对企业财务状况和经营成果进行分析与评价,以利于企业的投资者、经营者、债权人及国家财税机关掌握企业财务活动情况并进行经营决策,它是企业经济活动分析的重要组成部分,也是企业财务管理的重要环节,不仅能说明企业目前的财务状况,更重要的是能为企业未来的财务决策和财务预算提供重要依据。

财务分析的起点是财务报表,分析使用的数据大部分来自公开发布的财务报表。因此,财务分析的前提是正确理解财务报表。财务分析是一个过程。所谓"分析",是把研究对象(一种现象、概念)分成较简单的组成部分,找出这些部分的本质特性和彼此之间的关系,以达到认识对象本质的目的。财务分析是把整个财务报表的数据,分成不同部分和指标,并找出有关指标的关系,以达到认识企业偿债能力、盈利能力和抵抗风险能力的目的。

财务分析通常只能发现问题而不能提供解决问题的现成答案,只能做出评价而不能改善企业的状况。如同医疗上的检测设备和程序,能检查一个人的健康状况但不能治病,但分析越深入越容易对症治疗。因此,财务分析又是十分重要的。①

①叶静.浅谈管理会计与财务会计的融合[J].今日财富,2021(03):104-105.

(二)财务分析的作用

1.有利于提高经营者的管理水平

企业的生产经营过程就是利用资产取得收益的过程,资产的管理水平直接影响企业的收益。对企业财务状况进行评价,使企业经营者能够较好地掌握企业的财务状况,发现企业在获利能力、偿债能力、营运能力和发展能力等方面不足,便于经营者分析影响企业财务状况的原因,有利于经营者找出改善企业财务状况的措施和改善经营管理、提高企业经济效益的手段。同时,企业财务评价也为企业经营者明确经营方向、合理安排资本结构和提供财务预测、决策与计划提供依据,提高财务预测、决策、计划和控制的准确性。

2.有利于提高投资者的决策水平

通常来说,投资者对被投资企业获利能力和发展能力较为关心,财务状况好坏直接影响投资者或潜在的投资者的投资决策、分配决策和其他重大财务决策。财务评价则为投资者的决策提供了有力的支持,一定程度上保证了投资决策的有效性和准确性。

3.有利于保证债权人的利益

债权人作为企业的重要资金供给者之一,不仅关心获取利息的多少,而且更关心债权的风险大小。财务评价为债权人提供了企业财务状况的信息,特别是企业偿债能力方面的评价信息,能够很好地帮助债权人进行债权投资决策,确定债权投资的数额、债权投资的期限、债权投资的利率以及其他债权投资条件,以有效控制债权投资风险,确保债权人的利益。

4.有利于提高政府宏观调控水平

企业财务评价信息的揭示和应用,无疑为政府进行经济决策,特别是关于企业管理改革方面的决策,提供了很好的依据。一方面,政府有关部门可以根据企业财务评价的信息进行制度和政策落实上的自测;另一方面,政府有关部门特别是国家宏观调控部门,可以充分利用企业财务评价的信息,制定相应的财政金融政策、产业政策和贸易政策,确保国民经济的良性循环。

5.财务分析评价有利于保证业务关联企业的利益

业务关联企业是指与企业存在业务往来的企业或称客户。他们也极为关心企业的财务状况和经营状况，通过财务分析可以揭示业务往来企业的信用状况。

二、财务分析评价指标体系的演进

（一）国外财务分析评价指标体系的演进

19世纪以前，由于企业规模很小，严格意义上的财务分析评价是不存在的。对企业财务评价指标体系的研究可以追溯至19世纪初期纺织业、铁路业、钢铁业等对成本控制的需求。早期的成本思想是一种很简单的以本求利思想，成本计算也是一种简单以盈利为目的的计算，财务分析评价指标也只是简单的单位成本。随着资本主义商品货币经济的产生，以本求利思想已经难以适应企业管理的需要，而逐渐被提高劳动生产率来获取更多利润的思想所取代。1911年美国工程师、"科学管理之父"泰勒（Taylor）发表了《科学管理原理》一书，创立了"泰勒制"。"泰勒制"将企业的管理工作由过去的经验式、描述式、观察式向科学化、系统化、标准化的方向发展。与此同时，财务分析评价体系则由简单计算转变为成本计算。直接材料、直接人工、制造费用、间接费用等指标开始活跃于企业的账簿之中。但是，这种区分成本性质的成本计算方法仍是对成本的事后计算和控制，并不能满足企业事前预算和事中控制的要求。美国会计工作者哈瑞（Harry）1911年设计的标准成本制度，开创了现代财务评价指标的先河。标准成本及差异分析制度的建立，实现了成本控制由传统的事后计算向事前预算、事中控制转变；成本计算由简单的单位成本向标准成本转变。这一时期，标准成本的执行情况和差异结果分析成为该时期企业财务评价的主要内容。直到目前，标准成本制度仍然是企业成本控制的主要手段。

进入20世纪后，随着资本市场的发展和所有权与经营权的进一步分离，企业的经营状况和财务状况进一步被投资人和债权人所关注，对企业评价的内容进一步深化。20世纪20年代前后，亚历山大·沃尔（Alexander Wall）先后在《信用晴雨表研究》《财务报表比率分析》中提出了比率分析体系、综合评分等概念，选择了流动比率、净资产/负债、资产/固定资产、销售成本/存货、销售额/应收账款、销售额/固定资产、销售额/净资产等七个财务指标，用评分的方法来综合评价企业绩效，形成了著名的沃尔评分法，为企业绩效评价的发展开拓了新的思路。20世纪40年代杜邦公司的财务主管唐纳森·布朗将投资报酬率法发展成为一个评价各个部门业绩的手段，创立了著名的杜邦财务分析系统，并发明了至今仍广泛应用的“杜邦系统图”。杜邦分析系统在企业管理中发挥的巨大作用奠定了财务指标作为评价指标的统治地位。20世纪80年代美国管理会计委员会从财务效益的角度发布了《计量企业业绩说明书》，提出了净收益每股盈余、现金流量、投资报酬率、剩余收益、市场价值、经济收益、调整通货膨胀的业绩等8项计量企业经营绩效的指标。由杜邦公司所创立的杜邦财务系统以其结构严谨、内容全面、分析方便等优点，成为20世纪80年代企业财务评价的主要方法。

20世纪90年代后W.T.Grant公司在1966—1971年中净收益一直很正常，并且维持在2000万美元以上，但是在此期间现金流转却逐年恶化，最终导致了公司的破产。这个案例首次提醒了人们可以利用现金流量来预测企业失败。80年代末，现金流量表作为第三张财务主要报表正式列入会计准则，现金流量的相对不可操作性也使其成为绩效评价的首选。现金流量在绩效评价中的地位得到空前的提高。

沃尔比重分析、杜邦分析系统以及美国管理会计委员会发布的《计量企业业绩说明书》对企业的财务评价都是以会计利润为基础的、未考虑企业资本成本的财务绩效评价。针对此缺陷，1991年斯腾思特咨询公司提出了经济增加值（EVA）。EVA从计算过程来看，是扣除了包括股权成本在内的所有资本成本后的利润即股东财富的净增加值。其目的在于促使公司经营者以股东价值最大化作为行为准则谋求企业战略目标的实现。

这些以利润为核心的财务指标在评价企业的社会性和生态方面均存在着不足，为弥补这一缺陷，非财务指标作为财务指标的补充被引入，这方面的指标体系主要有业绩金字塔、平衡计分卡、绩效四尺度以及绩效三棱镜等。

(二)我国财务评价指标体系的演进

中华人民共和国成立以来,我国财务评价指标体系遵循了政府导向的原则,随着我国经济体制的发展和企业制度的改革,其发展经历了以下不同的阶段。

1.计划经济体制下的财务评价指标

在计划经济时代,企业相当于政府计划体制中的一个生产车间,生产计划由政府计划部门制定,所需资金由政府财政部门调拨,对企业的评价指标是产量或产值。

2.有计划的商品经济体制下的财务评价指标

1978年党的十一届三中全会以后,政府对国有企业开始推行承包经营责任制,并强调权、利、效相结合,企业由过去单一的生产主体逐渐成为关心成本与效益的有计划商品经济的主体,会计利润作为评价指标被引入对企业的考核中。企业通过与政府主管部门或财政部门签订承包合同,协商确定利润分成规则,划定决策权范围,其内容一般包括利润税收指标、利润留存基数、债务偿还、资产增值、生产技术创新等。有计划的商品经济下,企业的财务评价指标主要有固定资产产值率、定额流动资金周转率、全部流动资金周转率、可比产品成本降低率、全部产品成本计划完成率、利润总额完成率、销售成本利润率、销售收入利润率、资金利润率等。指标体系以资金、成本和利润为中心,偏重于对企业内部生产管理的评价。

3.社会主义市场经济体制下的财务评价指标

1992年,国有企业的股份制改革掀起高潮。同年,经国务院批准,财政部发布了《企业会计准则》。该准则对会计核算的一般原则、会计要素的计量和确认以及财务会计报告等会计核算的基本内容做了规定,形成了一个比较完整的企业会计核算制度体系。准则的颁布打破了所有制的界限,为对不同企业进行财务评价提供了可能。同时期颁布《企业财务通则》重新设计了财务评价指标,从偿债能力、营运能力、获利能力三个方面对企业进行财务评价。主要评价指标有:资产负债率、流动比率、速动比率、应收账款周转率、存货周转率、资本金利润率、销售利税率以及成本费用利润率等。

1993年11月党的十四届三中全会通过了《中共中央关于建立社会主义市场经济体制若干问题的决定》，强调进一步转换国有企业经营机制，建立与市场经济相适应的产权清晰、权责明确、政企分开、管理科学的现代企业制度。为适应这一要求，财政部于1995年颁布了《企业经济效益评价指标体系（试行）》，从企业的获利能力、偿债能力、营运能力、社会效益四个方面设计了包含销售利润率、总资产报酬率、资本收益率、资本保值增值率、资产负债率、流动比率（速动比率）、应收账款周转率、存货周转率、社会贡献率、社会积累率在内的10项指标。该指标体系部分体现了企业回报社会的思想。

1999年6月1日财政部等四部委联合印发了《国有资本金效绩评价规则》及《国有资本金效绩评价操作细则》，对国有企业的财务评价进行了重新规范，重点是评价企业资本效益情况、资产经营状况、偿债能力状况和发展能力状况等四项内容，包括基本指标、修正指标和评议指标3个层次，共计32项指标。其中，评议指标是对财务评价的补充，包括企业整体素质、内部控制、公众形象、未来潜力四个方面的非财务指标。2002年，财政部等四部委对《国有资本金绩效评价规则》及《国有资本金绩效评价操作细则》进行修订，制定了《企业绩效评价操作细则》，将企业绩效评价指标体系由32项指标改为28项。

2006年4月7日国务院国有资产监督管理委员会颁布了《中央企业综合绩效评价管理暂行办法》，办法规定，中央企业综合绩效评价由财务绩效定量评价和管理绩效定性评价两部分组成。其中，财务绩效定量评价包括盈利能力、资产质量、债务风险和经营增长四个方面；管理绩效定性评价包括企业发展战略的确立与执行、经营决策、发展创新、风险控制、基础管理、人力资源、行业影响、社会贡献等方面。

2016年以来，财政部建立健全重点绩效评价常态机制，每年选择重点民生政策和重大专项支出，组织第三方机构开展绩效评价，截至目前已对超过100项政策和项目开展绩效评价，部分评价结果已应用于预算安排和政策调整。同时，加大绩效信息公开力度，逐步将重点项目绩效目标、绩效评价结果随同预决算报送全国人大,并向社会公开。

从国内外财务评价指标体系的发展来看,现有的财务评价指标体系主要是从营利性、偿债性、资产管理能力等方面对企业的经济利益进行评价,主要评价指标都是基于利润指标,反映了股东价值取向对企业财务评价的要求。可持续发展条件下,要求企业关注更多利益相关者的利益,要求企业在追求经济利益的同时,注重对环境责任和社会责任的履行。现有的财务评价指标体系并不能满足对企业可持续发展财务评价的要求,基于可持续发展的财务评价应不仅可以满足经济性评价的要求,还应满足社会性和生态性的要求。

三、财务分析的方法

开展财务报表分析,需要运用一定的方法,这些方法主要包括比较分析法、比率分析法、因素分析法、趋势分析法和综合分析法。

(一)比较分析法

比较分析法是通过揭示财务活动中的数量关系和数量差异来评价企业财务状况,从中发现问题的一种分析方法。它可以为进一步分析产生差异的原因和为消除差异提出建议对策提供依据。

1. 趋势分析

趋势分析就是对分析期与前期或连续数期的项目金额进行对比,这种对财务报表项目纵向分析的方法是一种动态分析。通过对比可以确定前后不同时期有关指标的变动情况,分析引起变化的主要原因、变动的性质,并预测企业未来的发展前景。

2. 同业分析

将企业主要指标同行业的平均指标或同行业先进指标进行对比,这是同一指标在不同条件下的对比。通过对比可以分析判断该企业在同行业中所处的位置,找出与先进企业之间的差距,推动企业改善经营管理,赶超先进水平。

3. 预算差异分析

将企业实际指标同预算指标进行对比。预算指标即财务管理的具体目标,它是在分析影响财务指标的主客观因素的基础上制定的。通过实际与计划的对比,可以揭示它们之间的差异,了解该项指标的完成情况和程度。

应用比较法对同一性质的指标进行数量比较时,要注意所利用的指标的可比性。比较双方的指标在内容、时间、计价标准、计算方法上的一致性。必要时,可对所用的指标按同一口径进行调整换算。

(二)比率分析法

比率分析法是把某些彼此存在关联的项目加以对比,计算出比率,据以确定经济活动变动程度的分析方法。比率是相对数,采用这种方法,能够把在某些条件下的不可比指标变为可以比较的指标,以利于进行分析。这种方法与比较分析法相比更具有科学性和可比性。

比率指标可以有不同的类型,根据分析的目的和要求的不同,主要分为以下三类。

1.构成比率

构成比率又称结构比率,它是财务报表中某项经济指标的各个组成部分与总体的比率,反映部分与总体的关系。利用构成比率,可以考察总体中某个部分的形成和安排是否合理,以便协调各项财务活动。如比较资金占用比重、费用消耗比重的变化,观察企业资金占用、资金消耗的情况,从中掌握经济指标活动的变化规律及其存在的问题。

2.效率比率

效率比率是某项经济活动中所费与所得的比率,反映投入与产出的关系。利用效率比率指标,可以进行得失比较,考察经营成果,评价经济效益。如将利润项目与销售成本、销售收入、资本等项目加以对比,可计算出成本利润率、销售利润率以及资本利润率等指标,可以从不同角度观察比较企业获利能力的高低及其增减变化情况。

3.相关比率

相关比率是指同一时期财务报表中两项相关数值的比率,反映有关经济活动的相互关系。利用相关比率指标,可以考察有联系的相关业务安排得是否合理,以保障企业运营活动能够顺畅进行。如计算资产总额与负债总额的比率、流动资产与流动负债的比率、负债与所有者权益的比率等。

比率分析法计算简便,计算结果容易判断,而且可以使某些指标在不同规模的企业之间进行比较,甚至也能在一定程度上超越行业间的差别进行比较,但采用这一方法要注意对比项目的相关性、对比口径的一致性和衡量标准的科学性问题。比率分析法要与比较分析法结合起来分析,才能全面、深入地揭示企业的财务状况、经营成果及其变动趋势。

(三)因素分析法

因素分析法也称因素替代法,是对某个综合财务指标或经济指标的变动原因按其内在的影响因素,计算和确定各个因素对这一综合指标变动影响程度的一种分析方法。财务指标往往具有高度的综合性,一项指标的变动往往是多种因素共同作用的结果,在财务报表分析中,要了解某项指标受哪些因素的共同影响及影响的程度,这就需要通过因素分析法来解决。

采用因素分析法的出发点在于当有若干因素对分析对象产生影响作用时,假定其他各个因素都无变化,顺序确定每一个因素单独变化所产生的影响。

企业的经济活动是一个有机整体,每个指标的高低,都要受到若干因素的影响。因素分析法从数量上测定各因素的影响程度,可以帮助人们抓住问题的主要矛盾或者说更有说服力地评价企业的经营状况。

应用因素替代法过程中必须注意:①因素分解的相关性问题。分析指标与其影响因素之间必须真正相关。②分析前提的假定性。分析某一因素对经济指标差异的影响时,必须假定其他因素不变,否则就不能分清各单一因素对分析对象的影响程度。③顺序替代的连环性。在确定各因素变动对分析对象影响时,都是将某因素替代后的结果与该因素替代前的结果进行对比,一环套一环。一般来说,因素的替换顺序是:先替换质量指标,后替换数量指标;先替换基础指标,后替换派生指标;先替换实物量指标,后替换货币指标;先替换主导指标,后替换从属指标;先替换分子指标,后替换分指标。

(四)综合分析法

综合分析法是指对于大量观察所获得的资料,运用多种综合指标以反映总体一般数量特征。运用分组法,以显示现象的不同类型。在分组的基础上,运用多种数量分析方法探讨总体内部的各种数量关系,综合分析方法是一种重要的分析方法,它对全面、系统、综合地评价企业财务状况有十分重要的意义。

第二节 基本的财务比率分析

比率分析是财务报表分析中的一种主要方法。财务比率用来表示财务报告中各项目之间的关系,通过对各种财务比率指标的计算和分析,可以清楚地反映企业的财务状况和经营成果,为管理人员、投资者、债权人以及社会有关人员提供具有实际价值的财务信息。

基本财务比率主要反映企业四大财务能力:偿债能力、盈利能力、资产管理能力、发展能力。同时,基本财务比率也是财务分析的重要实践应用方面。

一、偿债能力分析

偿债能力是指企业按期偿还债务本金、支付债务利息的能力,即还款能力。由于过去的生产经营活动而发生的债务,到期企业应无条件支付。如果到期债务不能偿付就会损害债权人的利益,企业的声誉也会受到影响,情况严重时会导致企业破产。因此,能否偿付到期债务关系到企业的经营安全,也反映了债权人债权的安全保障程度。

偿债能力分析包括短期偿债能力分析和长期偿债能力分析。短期偿债能力分析是对企业流动负债的清偿能力和保证程度的分析;长期偿债能力分析主要是对企业偿还到期债务本金与支付债务利息能力的分析。

(一)短期偿债能力分析

反映短期偿债能力的比率主要有:流动比率、速动比率和现金流动负债比率。

1.流动比率

流动比率是企业流动资产总额与流动负债总额之比。它表明每1元的流动负债有多少流动资产作为偿还的保证,反映企业短期内偿还债务的能力。

流动比率说明了企业有多少短期可变现的资产来保证短期负债的偿还能力,也说明了债权人短期债权的安全程度。一般来说,这个比率越高,企业短期偿债能力越强,债权人的权益越有保障。但流动比率并非越高越好,过高则表明企业流动资产占用较多,会影响资金的使用效率。按照西方企业的长期经验,一般认为,生产企业合理的流动比率是2,这是因为流动资产中变现能力最差的存货金额约占流动资产总额的一半。但这只是一个静态衡量指标,由于各企业具体情况不同,不能成为一个统一标准。

2.速动比率

速动比率是从流动资产中扣除存货部分,再除以流动负债的比值。

流动比率高,也不能表明企业的资金流动性强,为了更清楚地反映企业的偿债能力,从流动资产中扣除含有水分的存货,用扣除存货之后的速动资产与流动负债计算出来的速动比率反映企业的偿债能力比流动比率更精确,更令人信服。因为在流动资产中,存货属于流动性能最差的资产项目,因此在经济不景气或存货出现残次时,不能及时出售,或者按较低的价格抛售,这都会影响资金的流转和企业的支付能力。

速动比率反映了企业能用迅速变现的资产偿还短期负债的能力。通常认为速动比率为1比较适当,低于1的速动比率被认为是短期偿债能力偏低;如果速动比率大于1,尽管债务偿还的安全性很高,但会因企业现金、银行存款及应收账款等资金占用过多而大大增加企业的机会成本。

3.现金流动负债比率

现金流动负债比率是可立即动用的资金与流动负债进行对比所确定的比率。该指标可以说明企业本期通过自身的经营活动,在以收抵支之余所产生的现金流量净额是否足以偿还流动负债的能力,可以反映企业及时支付到期债务的能力。

该指标从现金流入和流出的动态角度对企业实际偿债能力进行考察。由于有利润的年份不一定有足够的现金来偿还债务,所以利用以收付实现制为基础的现金流动负债比率指标,能充分体现企业经营活动所产生的现金净流量可以在多大程度上保证当期流动负债的偿还,直观地反映出企业偿还流动负债的实际能力。一般来讲,现金比率大,说明企业用现金偿付流动负债的能力强,从偿债角度讲是好的。但如果企业长期保持较高的现金比率,说明该企业资金利用效果较差。因为现金的盈利能力低,所以持有过量现金会使企业承担过多的机会成本。

(二)长期偿债能力分析

反映长期偿债能力的比率主要有:负债比率、利息保障倍数和产权比率。①

1.负债比率

负债比率是负债总额与资产总额的比率。它表明企业资产总额中有多大的比例是通过举债筹资的,有助于确定企业资产对债权人的保障程度。其计算公式如下:

$$负债比率 = \frac{负债总额}{资产总额} \times 100\%$$

公式中的负债总额不仅包括长期负债,还包括短期负债。这是因为在现实的偿债过程中,资产变现后首先用来偿还短期负债,之后才能保证长期债务的偿还,并且长期负债最终要转化为短期负债。负债比率越小,表明企业长期偿债能力越强。

在一般情况下,负债比率会因人因时而异。股东和企业经营者通常会认为,负债比率在40%~60%是较合理的。在经济高速发展,盈利前景看好,且资本收益率高于债务利息率的条件下,可适当提高负债比率,为股东创造更多财富;反之,应降低负债比率,回避风险,防止企业陷入困境。

2.利息保障倍数

利息保障倍数又叫已获利息倍数,是指企业息税前利润与利息费用

①王培培.财务管理[M].沈阳:东北财经大学出版社,2019.

的比率,反映了获利能力对债务偿付的保证程度。

利息保障倍数 = 息税前利润/债务利息

债权人不仅要求到期安全地收回债权本金,而且必须获得一定的利息报酬。而利息必须来自债务人举债经营取得的报酬——息税前利润。只有当债务人的每期息税前利润高于其每期应支付的利息时,债权人按期收取利息报酬的要求才能得到满足。一般来说,企业的利息保障倍数至少应该大于1,偿付利息才能有保障。

3.产权比率

产权比率又称债务股权比率,也是衡量企业长期偿债能力的一个指标。它是负债总额与股东权益总额之比。其计算公式为:

产权比率 = 负债总额/股东权益总额

产权比率反映由债权人提供的资本与股东提供的资本的相对关系,反映企业基本财务结构是否稳定。一般来说,股东资本大于借入资本较好,但也不能一概而论。从股东来看,在通货膨胀加剧时期,企业多借债可以把损失和风险转嫁给债权人;在经济繁荣时期,多借债可以获得额外的利润;在经济萎缩时期,少借债可以减少利息负担和财务风险。产权比率高,是高风险、高报酬的财务结构;产权比率低,是低风险、低报酬的财务结构。产权比率同时也表明债权人投入的资本受到股东权益保障的程度。

二、盈利能力分析

盈利能力通常是指企业在一定时期内赚取利润的能力,是衡量企业是否具有活力和发展前途的重要内容。对盈利能力进行分析,可以有效地评价企业的经营业绩和管理水平,发现经营管理过程中存在的问题,帮助有关方面做出正确的决策。

常用来衡量企业盈利能力的指标主要有:净资产收益率、销售(营业)利润率、成本费用利润率、总资产报酬率、资产净现率等。对于股份有限公司,还应分析每股收益、每股现金流量、每股净资产、市盈率等。

(一)净资产收益率

净资产收益率是指企业一定时期内的净利润与平均净资产的比率,

充分体现了投资者投入企业的自用资本获取净收益的能力，突出反映了投资与报酬的关系，且通用性强，不受行业的局限，是评价企业经营效益的核心指标。一般来说，净资产收益率越高，则企业盈利能力越强。企业自有资本获取收益的能力越强，运营效益越好，对企业投资人、债权人的保证程度越高。

(二)销售(营业)利润率

销售(营业)利润率是指企业一定时期内销售(营业)利润与销售(营业)收入净额的比率。它表明企业每单位销售(营业)收入能带来多少销售(营业)利润，反映了企业主营业务的获利能力，是评价企业经营效益的主要指标。

该指标越高，说明企业通过扩大销售获取利润的能力越强；反之，则表明企业经营管理者未能创造出足够多的销售收入业绩或未能控制好成本费用。

(三)成本费用利润率

成本费用利润率是指企业一定时期的利润总额同成本费用总额的比率，表示每百元资产耗费所产生的盈利额。如果该比率高，则表示企业以较低的资源消耗获取较高的利润。

(四)总资产报酬率

总资产报酬率是指企业一定时期内获得的报酬总额与平均资产总额的比率。总资产报酬率表示企业包括净资产和负债在内的全部资产的总体获利能力，是评价企业资产盈利能力的重要指标。

一般情况下，该指标越高，表明企业的资产利用效益越好，整个企业盈利能力越强，经营管理水平越高。企业还可以将该指标与资本市场的利率进行比较，如果前者比后者大，则说明企业可以充分利用财务杠杆，适当举债经营，以获得更多的收益。

(五)资产净现率

资产净现率是经营活动现金流量与平均资产总额的比率，它反映企业每一元资产所能带来的现金。资产净现率反映企业资产的利用情况，资产净现率一般在6%～8%之间比较正常。

（六）每股收益

每股收益也称每股利润或每股盈余，是股份公司税后利润分析的一个重要指标，主要针对普通股而言。每股收益是税后净利润扣除优先股股利后的余额，除以发行在外的普通股平均股数。

每股收益是股份公司发行在外的普通股每股所取得的净利润，它可以反映股份公司盈利能力的大小。每股收益越高，说明股份公司的盈利能力越强。

（七）每股现金流量

每股收益的高低虽然与股利分配有密切的关系，但是它不是决定股利分配的唯一因素。如果某一公司的每股收益很高，但是缺乏现金，那么也无法分配现金股利。因此，还有必要分析公司的每股现金流量。

每股现金流量越高，说明股份公司越有能力支付现金股利。该指标反映股份公司分派现金股利的最大能力，超过此限度，就要借款分红。

（八）市盈率

市盈率也称价格盈余比率或价格与收益比率，是指普通股每股市价与每股收益的比率。

市盈率是反映股份公司盈利能力的一个重要指标，投资者十分重视这个指标。这一比率是投资者做出投资决策的重要参考因素之一。一般来说，市盈率高，说明投资者对该公司的发展前景看好，愿意出较高的价格购买该公司股票，所以一些成长性较好的高科技公司股票的市盈率通常要高一些。但是，也应注意，如果某一股票的市盈率过高，则也意味着这种股票具有较高的投资风险。

（九）每股净资产

每股净资产，是期末净资产（股东权益）与年度末普通股份总数的比值，也称为每股账面价值或每股权益。

这里的“年度末股东权益”是指扣除优先股权益后的余额。该指标反映发行在外的每股普通股所代表的净资产成本即账面权益。在投资分析时,只能有限地使用这个指标,因其是用历史成本计量的,既不反映净资产的变现价值,也不反映净资产的产出能力。例如,某公司的资产只有一块几年前购买的土地,并且没有负债,公司的净资产是土地的原始成本。现在,土地的价格比过去翻了几番,引起股票价格上升,而其账面价值不变。这个账面价值,既不说明土地现在可以卖多少钱,也不说明公司使用该土地能获得什么。

每股净资产,在理论上提供了股票的最低价值。如果公司的股票价格低于净资产的成本,成本又接近变现价值,说明公司已无存在价值,清算是股东最好的选择。正因为如此,新建公司不允许股票折价发行;国有企业改组为股份制企业时,一般以评估确认后的净资产折为国有股的股本;如果不全部折股,则折股方案与募股方案和预计发行价格一并考虑。折股比率不低于65%,股票发行溢价倍率应不低于折股倍数。

三、资产管理能力

资产管理能力比率,是指用于衡量企业进行资产管理的效率,反映企业运用资产的营运能力方面的财务比率。企业资产管理的目的是使资产获得最大的增值,从而给企业带来最大效益。而资产只有在经营周转中,在实现营业收入后才能产生增值。衡量企业资产管理效率的高低,关键是看资产的经营周转速度,即资产的占用与营业收入实现之间是否保持一个恰当的关系。常用来衡量企业盈利能力的主要指标有总资产周转率、固定资产周转率、流动资产周转率、应收账款周转率、现金周转期和存货周转率等。

(一)总资产周转率

总资产周转率也叫总资产周转次数,是指企业一定时期内销售收入净额与平均资产总额的比率,可以用来反映企业全部资产的利用效率。它体现企业在经营期间全部资产从投入到产出周而复始的流转速度。其计算公式为:

$$总资产周转率=销售收入/平均资产总额$$

$$平均资产总额=\left(期初资产总额+期末资产总额\right)/2$$

财务比率中涉及的平均值均按这种方法处理,除非做出特殊说明。在一定平均资产总额情况下,销售收入越高,总资产周转率越高,其管理或使用效率越高。因此,提高销售收入,是加速总资产周转、提高总资产管理或使用效率的关键。

(二)固定资产周转率

固定资产周转率也叫固定资产周转次数,是指企业一定时期内销售收入净额与平均固定资产总额的比率,是衡量企业固定资产利用效率的一项指标。

与总资产周转率一样,在一定平均固定资产总额情况下,销售收入越高,固定资产周转率越高,其管理或使用效率越高。因此,提高销售收入,是加速固定资产周转、提高固定资产管理或使用效率的关键。

(三)流动资产周转率

流动资产周转率也叫流动资产周转次数,是指企业一定时期内销售收入净额与流动资产平均余额的比率,是反映企业流动资产周转速度的指标。

在一定流动资产平均余额情况下,销售收入越高,流动资产周转率越高,其管理或使用效率越高。因此,提高销售收入,是加速流动资产周转、提高流动资产管理或使用效率的关键。

(四)应收账款周转率

应收账款周转率也叫应收账款周转次数,是指企业一定时期内赊销额与平均应收账款余额的比率。它是反映企业一定时期内应收账款周转速度的指标,主要反映公司应收账款的变现速度和管理效率。其计算公式为:

应收账款周转率 = 年赊销额/年平均应收账款

式中,年赊销额可用年销售收入来代替,只是计算结果会有所不同。在一定年平均应收账款情况下,收回的年赊销额越多,应收账款周转率越高,其管理效率越高。因此,收回赊销额,是加速应收账款周转、提高应收账款管理效率的关键。在一定平均应收账款情况下,收回的赊销额越多,应收账款平均收款期越短,其管理效率越高。因此,收回赊销额,是缩短应收账款收款期、提高应收账款管理效率的关键。

（五）现金周转期

现金周转期 = 存货平均周转期 + 应收账款平均收款期 - 应付账款平均付款期

式中，周转期、收款期和付款期一般用天数表示。

从式中可分析出，要缩短现金周转期从而提高现金使用效率，就应缩短存货平均周转期和应收账款平均收款期，在不影响信誉的前提下延长应付账款平均付款期。因此，缩短存货平均周转期和应收账款平均收款期、延长应付账款平均付款期是加速现金周转、提高现金管理效率的关键。

四、发展能力分析

发展能力是企业在生存的基础上，扩大规模、壮大实力的潜在能力。反映企业发展能力的指标主要有：销售（营业）增长率、资本积累率、总资产增长率等。

（一）销售增长率

销售增长率是企业本年销售收入增长额与上年销售收入总额的比率。它反映企业销售收入的增减变动情况，是评价企业成长状况和发展能力的重要指标。其计算公式为：

销售(营业)增长率 = 本年销售(营业)增长额/上年销售(营业)收入总额 × 100%

该指标是衡量企业经营状况和市场占有能力、预测企业经营业务拓展趋势的重要标志，也是企业扩张增量和存量资本的重要前提。不断增加的销售收入，是企业生存的基础和发展的条件，表示增长速度越快，企业市场前景越好；若指标小于零，则说明企业或是产品不适销对路，市场份额萎缩。该指标在实际操作时，应结合企业历年的销售水平、企业市场占有情况、行业未来发展及其他影响企业发展的潜在因素进行分析，或者结合企业前三年的销售增长率做出趋势性分析判断。

（二）资本积累率

资本积累率是企业本年股东权益增长额与年初股东权益的比率。它反映企业当年资本的积累能力，是评价企业发展潜力的重要指标。

资本积累率是企业当年股东权益总的增长率，反映了企业股东权益在当年的变动水平,体现了企业资本的积累情况,是企业发展强盛的标志,也是企业扩大再生产的源泉,展示了企业的发展潜力。该指标值越高表明企业的资本积累越多,应付风险、持续发展的能力越大;该指标如为负值,表明企业资本受到侵蚀,所有者利益受到损害,应予以充分重视。

(三)总资产增长率

总资产增长率是企业本年总资产增长额同年初资产总额的比率,反映企业本期资产规模的增长情况,评价企业经营规模总量的扩张程度。

该指标从企业资产总量扩张方面衡量企业的发展能力,表明企业规模增长水平对企业发展后劲的影响。该指标越高,表明企业一个经营周期内资产经营规模扩张的速度越快。但实际操作中,应注意资产规模扩张的质与量的关系,以及企业的后续发展能力,避免资产盲目扩张。

需要强调的是,上述三类指标不是相互独立的,它们相辅相成,有一定的内在联系。企业周转能力好,获利能力就较强,就可以提高企业的偿债能力和发展能力;反之亦然。

第三节　综合指标分析

综合指标分析就是以企业财务报表等核算资料为基础,将各项财务分析指标作为一个整体,全面、系统、综合地对企业的财务状况、经营成果进行分析,评价认识企业的整体财务状况和效率的优劣。同时,综合指标分析也是财务分析的重要实践应用方面。

企业的财务报表均是由若干不同的数据组成,单个的分析方法和单个的财务指标比较孤单,不能从整体上反映企业的财务状况、经营成果和现金流量等情况,特别是随着企业竞争和合作关系的加强,财务报表分析也显得比以往复杂,而财务综合指标分析能改善这种情形。

一、沃尔比重评分法

21世纪初,作为财务状况综合评价的先驱者之一亚历山大·沃尔,在他出版的《信用晴雨表研究》和《财务报表比率分析》中，提出了信用能力指数的概念，把流动比率、负债资本比率、固定资产比率、存货周转率、应收账款周转率、固定资产周转率和主权资本周转率等七项财务比率，用线性关系结合起来，并分别给定各自的分数比重，然后通过与标准比率进行比较，确定多项指标的得分及总体指标的累计分数，从而对企业的信用水平乃至整个企业的财务状况做出评价，即所谓的沃尔比重评分法。

由于沃尔比重评分法将彼此孤立的偿债能力和营运能力指标，进行了组合并作出了较为系统的阐述和评价。因此，对于评价企业财务状况，具有一定的积极意义。

但沃尔比重评分法从理论上讲有一个弱点，就是未能证明为什么要选择这七个指标而不是更多或更少些，以及未能证明每个指标所占比重的合理性。沃尔比重评分法从技术上讲还存在一个问题，就是当某一个指标严重异常时，会给总评分产生不合逻辑的大影响。

这个缺陷是由相对比率与比重相"乘"引起的。财务比率提高一倍，其评分加100%；而财务比率减少一半，其评分只减少50%。尽管沃尔评分法在理论上还有待证明，但是该方法的评价理念，能全面、综合地反映企业的价值，立体地观察、评价企业，科学地反映企业的风险。

二、综合系数分析法

综合系数分析法是指根据多目标规划原理，把所要评价的各项指标分别对照各自的标准，并根据各项指标的权重，通过功效函数转化为可以度量的评价分数，再对各项指标的单项指标分数进行加总，求得综合评价分数。

在当前的市场经济条件下，针对一家企业财务评价的内容主要是盈利能力，其次是偿债能力和营运能力，此外还有成长能力。它们之间大致可按10∶3∶3∶4的比例来分配比重。盈利能力的主要指标有资产净利率、销售净利率和净资产收益率。三个指标可按2∶2∶1的比例安排。偿债能力有两个常用指标，成长能力有三个常用指标。都以100分为总评分。

在给每个指标评分时，应规定上限和下限，以减少个别指标异常对总分造成不合理的影响。上限可定为正常评分值的1.5倍，下限定为正常评分值的1/2。此外,给分时不采用“乘”的关系,而采用“加”或“减”的关系来处理,以克服沃尔评分法的缺点。①

三、杜邦财务分析体系

杜邦财务分析体系(简称“杜邦体系”)因其最初由美国杜邦企业创立并成功运用而得名。

该种分析法是利用各主要财务指标间的内在关系,对企业财务状况和经济效益进行综合系统分析和评价的方法。它的突出特点是:可以通过若干个主要指标之间的关系,全面、系统地反映企业的财务状况。采用这一方法,可使财务比率分析的层次更清晰、条理更突出,为报表分析者全面仔细地了解企业的经营和盈利状况提供了方便。杜邦财务分析法主要是对企业净资产收益率来进行分解分析的。杜邦财务分析体系将净资产收益率分解为三个部分:销售净利率、总资产周转率和权益乘数,分别反映企业的获利能力、资产管理效率和财务杠杆。它是一条系统性进行财务分析的便捷之道,能够解释变动的原因和变动趋势,能综合地分析企业获利能力、营运能力和资本结构情况,为采取措施指明方向。

我们可以看到杜邦分析法的思路具体如下。

第一,净资产收益率是一个综合性最强的财务分析指标,是杜邦分析体系的核心。

第二,资产净利率是影响净资产收益率的最重要的指标,具有很强的综合性,而资产净利率又取决于销售净利率和总资产周转率的高低。总资产周转率反映总资产的周转速度。对资产周转率进行分析时,需要对影响资产周转的各因素进行分析,以判明影响公司资产周转的主要问题在哪里。销售净利率反映销售收入的收益水平。扩大销售收入,降低成本费用是提高企业销售利润率的根本途径,而扩大销售,同时也是提高资产周转率的必要条件和途径。

第三,权益乘数表示企业的负债程度,反映了公司利用财务杠杆进行

①唐健．事业单位财务管理的科学化与精细化趋势探究[J]．现代商贸工业,2021,42(08):116-117.

经营活动的程度。资产负债率高，权益乘数就大，说明公司负债程度高，公司会有较多的杠杆利益，但风险也高；反之，资产负债率低，权益乘数就小，说明公司负债程度低，公司会有较少的杠杆利益，但相应的所承担的风险也低。

第四，销售利润率反映了企业利润总额与销售收入的关系。从这个意义上看，提高销售利润率是提高企业盈利能力的关键所在。要想提高销售利润率，一是要扩大销售收入，二是要降低成本费用。扩大销售收入具有重要的意义，它首先有利于提高销售利润率；同时它也是提高总资产周转率的必要前提。降低成本费用是提高销售利润率的另一重要因素，利用杜邦分析体系可以研究企业成本费用的结构是否合理，从而加强成本控制。通过资本结构来分析，还应研究利息费用同利润总额（或息税前利润）的关系，如果企业承担的利息费用太多，就需要查明企业的负债比率是否过高，防止资本结构不合理影响企业所有者的收益。

第五，在资产营运方面，要通过销售收入来分析企业资产的使用是否合理，流动资产和非流动资产的比例安排是否恰当。企业资产的营运能力和流动性，既关系到企业的获利能力，又关系到企业的偿债能力，如果企业持有的现金超过业务需要，就可能影响企业的获利能力；如果企业占用过多的存货和应收账款，则既影响获利能力，又影响偿债能力。为此，就要进一步分析各项资产的占用数额和周转速度。

运用杜邦分析法进行分析，不仅可以了解企业财务状况的全貌和各有关指标之间的结构关系，而且可以找出各指标增减变动的影响因素及其存在的问题，是一种很好的综合分析方法。但杜邦分析体系也有不足之处：①杜邦财务分析体系着眼于净资产利润率这一综合指标，很难全面地反映企业运营能力、偿债能力、盈利能力和发展能力等企业财务综合状况。②在杜邦财务分析体系中，虽然也有反映企业营运能力、偿债能力、盈利能力和发展能力的财务评价指标，但是指标单一，难以满足财务综合评价的需要。③杜邦财务分析体系不便于不同企业或同一企业不同时期的财务状况的比较。所以在运用杜邦财务分析方法时应该同时结合其他的方法进行分析。

第六章 财务预算及会计实践应用

第一节 财务预算概述

一、财务预算的发展历程

（一）西方国家现代预算制度

1.产生过程

从世界范围看，现代政府预算制度产生于商品经济发展和资本主义生产方式出现时期，是新兴资产阶级在向封建专制统治阶级进行斗争中，作为一种斗争手段和斗争方式产生的。

现代政府预算制度最早出现在英国。英国是资本主义发展最早、议会制度形成也最早的国家。在十四五世纪，英国的新兴资产阶级、广大农民和城市平民就起来反对封建君主横征暴敛，要求对国王的课税权进行一定的限制，即要求国王在取得财政收入开征新税或增加税负时，必须经代表资产阶级利益的议会同意和批准。随着新兴资产阶级的力量逐步壮大，他们充分利用议会同封建统治者争夺国家的财政权。他们通过议会审查国家的财政收支，政府各项财政收支必须事先做计划，经议会审查通过才能执行，财力的动用还要受议会的监督，从而限制了封建君主的财政权。1640年资产阶级革命后，英国的财政权已受到议会的完全控制。议会核定的国家财政法案，政府必须遵照执行。在收支执行过程中，还要接受监督。最后，财政收支的结算，还必须报议会审查。到1688年，英国资产阶级议会还进一步规定皇室年俸由议会决定，国王的私人支出与政府的财政支出要区分开，不得混淆。1689年还通过了《权利法案》，重申规定，财政权永远属于议会；君主、皇室和政府机关的开支都规定一定的数额，不得随意使用。政府机关和官吏在处理国家的财政收支上，都规定其权限和责任，必须遵守一定的法令和规章。这样，国家在财政工作上与各方面所发生的一切财政分配关系，都具有法律的形式，并由一定的制度加以保证。这种具有一定的法律形式和制度保证的财政分配关系，就是现代政府预算，其具体表现形式是政府年度财政收支计划。

但作为一个较规范的现代预算制度，还需经过很长时间才能建立起来。到18世纪末，英国首相威廉·皮特于1789年在议会通过一项《联合王国总基金法案》，把全部财政收支统一在一个文件中，至此才有了正式的预算文件。至19世纪初，才确立了按年度编制和批准预算的制度，即政府财政大臣每年提出全部财政收支的一览表，由议会审核批准，并且规定设立国库审计部和审计官员，对议会负责，监督政府按指定用途使用经费。

英国的预算制度从14世纪出现新兴资产阶级后，经过几百年的时间，到19世纪才发展成为典型的资本主义类型的政府预算。新兴资产阶级向封建专制君主夺取财权的斗争，是资产阶级革命斗争中的一项重要内容，是现代国家的预算制度产生、建立和发展的前提条件；现代预算制度的产生是资本主义生产方式发展的必然结果。

其他西方国家的预算制度确立则较晚。比如，法国在大革命时期的《人权宣言》中对预算制度进行了规定，到1817年规定立法机关有权分配政府经费，从而完全确立了预算制度。美国在早期的宪法中没有关于预算制度的规定，直到1800年才规定财政部要向国会报告财政收支，但当时的报告仅仅是汇总性质。当时的财政部部长汉密尔顿强有力的行政领导对美国联邦预算制度的形成贡献了巨大力量。一战后，在美国“进步时代”的历史背景下，美国国会1921年通过了《预算与会计法》，其中规定总统每年要向国会提出预算报告。至此可以说，美国产生了现代的政府预算制度。

2.产生原因、条件和意义

(1)现代预算制度产生的原因和条件

第一，现代预算产生的根本原因——资本主义生产方式的出现。从西方国家看，资本主义生产方式出现后，新兴资产阶级登上历史舞台，资产阶级强大的政治力量才有可能通过议会控制全部财政收支,要求封建君主编制财政收支计划。从中国看,也正是由于西方资本主义生产方式的发展,其理财的思潮影响了我国,由此,在我国产生现代预算制度。

第二,现代预算发展的决定性原因——加强财政管理和监督的需要。现代预算随资本主义生产方式产生后,又因财政管理监督的需要而得以进一步发展。在资本主义生产方式下,社会生产力迅速发展,财政分配规模日益扩大,财政收支项目增加,收支之间的关系也日益复杂,财政收支的发展变化客观上要求加强财政的管理和监督,要求编制统一的财政收支计划。因此,现代预算是适应财政管理的需要而发展的。

第三,现代预算产生的必备条件——财政分配的货币化。随着商品经济的高速发展,货币关系渗透到整个再生产领域,财政分配有可能充分采取货币形式。只有在财政分配货币化的条件下,才能对全部财政收支事先进行比较详细的计算,并统一反映在平衡表中。这样不仅能完整反映国家财政分配活动,而且也有利于议会对国家预算的审查和监督。

(2)现代预算制度产生的意义

第一,实现了新兴资本势力代替封建没落势力的社会变革。现代预算制度是作为新兴资产阶级与封建统治阶级进行斗争的一种经济手段而产生的。如英国现代预算制度是以君主为代表的没落封建势力和以议会为代表的新兴资本势力之间,长达数百年的政治角逐与较量的结果,体现着新兴资产阶级在其发展壮大的过程中,逐步形成的以独立的经济主体维护自身利益的要求。政府预算制度形成的表象是争夺经济利益的产物,但直接结果是国家政治权力格局的变动。

第二,实现了政府财政制度与社会政治制度变革的衔接。从世界范围看,政府预算制度的产生是国家政治权力和财政权力在国王和议会之间争夺的最终结果。这场斗争,最初集中于课税权上,以后扩大到财政资金支配权,最终发展到取消封建统治阶级对财政的控制和在财政上的特权。政府预算制度的产生实现了国家财政权由封建王权制向有产者议会控制的转变,使国家财政管理与经济结构转变和社会结构转变相适应,实现了政府财政制度与社会政治制度变革的衔接。

第三,确立了现代国家理财的法制管理模式。现代预算制度是政府管理财政资金的一项重要财政制度,它是具有一定的法律形式和制度保证的财政分配关系。从这一制度形成所经历的数百年的发展演变过程来看,只有现代预算制度产生后,才把封建统治阶级的皇室收支同国家的财政收支界限严格划清楚,从而奠定了现代国家财政分配制度的基础。确立了与依法治国相适应的依法治财制度,赋予了财政管理更适应现代社会及经济发展的方法体系。

因此,政府预算制度不只是资本力量发展壮大的被动产物,它反过来又积极推动着新兴资本力量和市场经济的发展,奠定了现代国家制度的经济基础。

第四,确立了社会公众与政府的委托—代理关系。政府预算体现的是公民将赋税委托政府代理的关系,以解决市场或个人不能解决或不能有效解决的社会公共事务。政府预算经立法机关审议批准,意味着纳税人授权政府按纳税人意愿使用其提供的资源。政府预算制度确保了政府开支向纳税人负责,并为立法机关监督约束政府财政提供了一种制度安排。

(二)我国预算制度的产生

我国预算萌芽于周朝,根据《周礼》记载,当时已经用“九赋”的收入分别对应“九式”的支出。周代以后的封建王朝逐步丰富预算制度的内容和形式,概括起来讲,汉代有所发展,较大发展于唐、宋,较明朗于清朝。清朝末期,国家财政陷入极端混乱之中。在此情况下,1906年,载泽等大臣对西方近代财政制度进行了考察,依照西方的经验提供了我国预算制度的蓝本。1911年资政院依章程修正后议决通过的总预算案,被视为中国历史上第一个近代意义的国家预算。这是因为:第一,总预算案依照法定程序审批。1911年清政府依据《清理财政章程》公布了《试办全国预算章程》,该章程规定了具体的预算程序,要求自宣统三年起,度支部汇总编制的全国岁入岁出总预算案,在奏交内阁行政会议政务会集议后,送资政院议决,不经过资政院就不能通过,且只有资政院同意才能修改预算。第二,总预算案将皇室和国家支出进行了区分。根据《预算册式及例言》,预算岁出主要包括:行政费、财政费、军政费、交通费、民政费、司法费、教育费、各省应缴赔款和洋款等十九类。在当时,君王和国家的收支很难区分,但从当时的支出分类可以看出,用于国家的公共支出如行政费军政费、民政费、教育费等都已经区别于王室支出单独列示。第三,总预算案是统一的综合收支计划。清代普遍使用统一的货币——白银,这为记录综合的财政收支计划提供了计量单位。而财政收支都经由度支部汇总编制,预算的执行有月报、季报;执行机关是大清银行,也为综合反映财政收支提供了组织基础。虽然当时清政府已摇摇欲坠,各省处于割据状态,上报的数据只是凑合的数字,但这起码在形式上是一个财政年度内统一的综合反映国民经济发展的财政收支计划。1911年的辛亥革命推翻了清政府,因此,我国历史上的第一部现代意义上的政府预算只有预算而无决算。以后,北洋军阀和国民党也有其政府预算,但都属于半封建、半殖民地性质的预算。

(三)现代预算制度产生过程的比较及启示

1. 西方国家预算制度自下而上

总结英、美、法等西方国家预算产生的历史背景主要有两点:一是资产阶级在经济上的强大和商品经济的发展;二是战争及皇室挥霍等原因使财政状况严重恶化导致封建统治者大幅增加公众包括资产阶级的税负。由于当时的资产阶级已经具备了保护自身利益及监督财政的意识和能力,要求统治者通过法定的程序使用并报告财政收支情况,从而使得国家预算应运而生。可见,西方国家预算的产生路径是自下而上的,是由以资产阶级为首的公众推动完成的。而这个过程正是民主化的过程,建立了民主的机制,切实保障了公众的民主权利。

2. 中国预算制度自上而下

随着清政府的腐败,清朝末年出现了严重的财政危机。当时虽然我国的民族资本主义经济有了一定的发展,但商品经济还没有建立起来,仍以自给自足的自然经济为主,资产阶级这一社会阶层也没有完全形成,更谈不上经济上的强大。事实上,戊戌变法的失败就证明了资产阶级的力量还不成熟。变法也试图改革财政,编制国家预算,而且还设计了具体的预算内容,但由于变法失败,预算并未真正编制。因此,资产阶级力量的缺失或不足是制约当时中国预算民主化的重要原因。清政府编制预算的重要动因是当时财政状况混乱,试图通过引入西方的预算制度以改变局面。清末预算的产生是由政府推动的,是自上而下的过程,并未包含公众参与的因素,没有经历民主化过程。

作为现代公共预算,民主性是其必要内容之一,不具备民主性的预算不能称之为真正意义上的公共预算。从逻辑上讲,在预算产生之初,就应该体现民主。但是正如上述分析,预算的产生过程是自上而下还是自下而上,直接影响到预算是否具有民主性。西方国家预算的产生是自下而上进行的,使预算一开始就伴随着民主化进程,符合预算民主性的要求。中国预算的产生由于资产阶级力量的不足,不具备关键的"推动力"条件,只能是自上而下进行。因此,清末的预算虽然形式上具备了现代预算的特点,但本质上存在先天不足。

从清末现代预算出现后,历经北洋军阀时期、国民党统治时期,至中华人民共和国建立之前,预算制度在民主性方面没有明显的改进。中华人民共和国成立后,人民当家作主的社会主义制度为预算制度的民主性建设提供了良好的发展空间,尤其是人民代表大会制度的建立使预算在民主性方面有了质的飞跃。20世纪90年代以来我国推行了一系列力度较大的预算改革,如部门预算编制、国库集中收付、收支两条线、规范化的政府采购等。实践证明,这些预算改革在加强预算完整性、公共性、透明性等方面都发挥了重要作用。

纵观我国政府预算的产生和发展过程,在推进民主性方面仍有待加强。因此,在深化部门预算等改革的同时,还应当注重在提高预算透明度、加强公众参与性及相关利益主体的监督等方面的预算改革,以满足公共预算民主性的要求。

二、财务预算的概念

凡事预则立,不预则废。这里的"预"即为预见性,对企业而言进行全面预算管理无疑就是一种生存力量。预算是将资源分配给特定活动的数字性计划,是一种详细的收支安排。财务预算,是一系列专门反映企业未来一定预算期内预计财务状况和经营成果及现金收支等价值指标的各种预算的总称,具体包括现金预算、预计利润表、预计资产负债表和预计现金流量表等内容。

财务预算是反映某一方面财务活动的预算,如反映现金收支活动的现金预算;反映销售收入的销售预算;反映成本、费用支出的生产费用预算(包括直接材料预算、直接人工预算、制造费用预算)、期间费用预算;反映资本支出活动的资本预算等。

综合预算是反映财务活动总体情况的预算,如反映财务状况的预计资产负债表、预计财务状况变动表,反映财务成果的预计损益表等。

上述各种预算间存在下列关系:销售预算是各种预算的编制起点,它构成生产费用预算、期间费用预算、现金预算和资本预算的编制基础;现金预算是销售预算、生产费用预算、期间费用预算和资本预算中有关现金收支的汇总;预计损益表要根据销售预算、生产费用预算、期间费用预算、现金预算编制,预计资产负债表要根据期初资产负债表和销售、生产费用,资本等预算编制,预计财务状况表动表则主要根据预计资产负债表和预计损益表编制。

三、财务预算的特征

凡事预则立,不预则废。预算是企业在预测、决策的基础上,以数量和金额的形式反映的企业在一定时期内经营、投资、财务等活动的具体计划,是为实现企业目标而对各种资源和企业活动的详细财务安排。

预算具有如下两个特征:①编制预算的目的是促成企业以最经济有效的方式实现预定目标,因此预算必须与企业的战略或目标保持一致。②预算作为一种数量化的详细计划,它是对未来活动的细致、周密安排,是未来经营活动的依据,数量化和可执行性是预算最主要的特征。因此,预算是一种可以据以执行和控制经济活动的、最为具体的计划,是对目标的具体化,是将企业活动导向预定目标的有力工具。

四、财务预算的组成

财务预算包括:反映现金收支活动的现金预算、反映企业财务状况的预计资产负债表、反映企业财务成果的预计损益表和预计现金流量表等内容。

(一)预计利润表

预计利润表是综合反映预算期内企业经营活动成果的一种财务预算。它是根据销售、产品成本、费用等预算的有关资料编制的。

(二)预计资产负债表

预计资产负债表是总括反映预算期内企业财务状况的一种财务预算。它是以期初资产负债表为基础,根据销售、生产、资本等预算的有关数据加以调整编制的。

(三)预计现金流量表

预计现金流量表是反映企业一定期间现金流入与现金流出情况的一种财务预算。它是从现金的流入和流出两个方面,揭示企业一定期间经营活动、投资活动和筹资活动所产生的现金流量。

五、财务预算的作用和体系

(一)财务预算的作用

1.财务预算明确了各部门工作奋斗的目标

预算是目标的具体化,它不仅能够帮助人们更好地明确整个企业的奋斗目标,而且能够使人们清楚地了解自己部门的任务。编制预算的目的是贯彻目标管理的原则,指导和控制业务的执行。总之,预算能够使管理人员未雨绸缪,并养成在具体行动之前凡事预先计划的良好习惯。

2.财务预算是各部门工作协调的工具

财务预算把整个企业各方面的工作严密地组织起来,而且把企业内部有关协作单位的配合关系也纳入统一的计划之中,使企业内部上下左右协调起来,环环相扣,达到平衡。这样也就更能发挥预算的控制作用。例如,在以销定产的经营方针下,生产预算应当以销售预算为前提,而现金收支预算必须以供、产、销过程中的现金流量为依据。

3.财务预算是各部门工作控制的标准

预算工作不能只限于编制,还应该包括预算的执行。在生产经营过程中，把实际情况与预算加以比较，揭示出来的差异，一方面可以用于考核各部门或有关人员的工作成绩，另一方面也可以用来检查预算编制的质量。有些脱离实际预算的差异，并不表示实际工作的好坏，而是预算本身的问题，使预算脱离了实际。掌握这些情况，有利于改进下期预算的编制工作。

4.财务预算是各部门工作考核的依据

预算作为企业财务活动的行为标准，使各项活动的实际执行有章可循。预算标准，可以作为各部门责任考核的依据。经过分解落实的预算规划目标能与部门、责任人的业绩考评结合起来，成为奖勤罚懒、评估优劣的准绳。

5.财务预算有利于回避财务风险

财务预算着眼于公司资金的运用，同时可以指导公司的筹资策略，合理安排公司的财务结构。在公司的各种资产中，流动性资产过多，流动性虽相对较好，但会影响其盈利能力。公司财务结构中，短期负债的资本成本较低，但相应的财务风险较大。企业的财务预算就是要处理好资产的营利性和流动性以及财务结构的成本和风险的关系。而财务预算的核心是企业的现金预算。现金预算通过对现金持有量的安排，可以使企业保持较高的盈利水平，同时保持一定的流动性，并根据企业资产的运用水平决定负债的种类结构和期限结构。

现金预算的具体作用体现在：①解释企业的现金从何而来，用到哪些地方；②企业在未来何时需要现金，如何筹集用于到期支付的现金；③如何通过现金预算避免不合理的现金支出；④如何抑制现金流量的滥用。

一般而言，若公司能确定未来的销售量、应收账款回收情况和生产情况，就可以将付款到期日与企业未来的现金流量对应起来，这时企业不必持有多余的流动资产，也不必进行不是绝对必要的长期融资。若不然，企业就必须保持较大的安全边际，增加流动资产的水平（尤其是现金和有价证券），同时延长融资的到期安排。需要强调的是，财务预算必须是主动的，不是被动的消极应付。

在进行财务预算的时候，要考虑公司的业务情况来安排企业资金的运用,并在风险和收益之间做出选择,同时结合企业的实际情况来安排企业的财务结构。例如,公司若没有近期到期的负债,盈利状况、现金流动状况较好,这时可以适当提高公司的负债比率,这样一方面可以降低企业的财务成本,另一方面也可以利用财务杠杆的效用,提高净资产收益率。若公司近期的负债即将到期的较多,则要特别注意现金流动情况,在编制现金预算时,减少一些可以延迟的支出,加强应收账款的回收,推迟大的固定资产开支,必要时还要考虑其他资产的变卖。

(二)财务预算体系

全面预算体系是由一系列预算组成,并按其经营内容和各预算前后衔接的关系,有序排列形成的一个完整体系,主要包括特种决策预算、日常业务预算和财务预算三部分。

1.特种决策预算

特种决策预算是指企业不经常发生的、一次性业务的预算。这类预算主要涉及长期建设项目的投资决策,故又称资本支出预算。如企业固定资产的购置、改扩建、更新等,其预算的编制必须建立在投资项目可行性研究的基础之上,以反映投资的时间、规模、收益以及资金的筹措方式。

2.日常业务预算

日常业务预算是指与企业日常业务直接相关的、具有实质性的基本活动的预算。这类预算通常与企业利润表的计算有关,包括销售预算、生产预算、直接材料消耗与采购预算、直接人工预算、制造费用预算、产品成本预算、期末存货预算以及销售与管理费用预算等。

3.财务预算

财务预算包括反映现金收支活动的现金预算、反映企业财务状况的预计资产负债表、反映企业财务成果的预计损益表和预计现金流量表等内容。这类预算通常以价值指标综合反映企业日常业务预算和特种决策预算的结果。

企业全面预算中的各项预算之间相互联系、相互衔接,构成了一个完整的预算体系。财务预算作为全面预算体系中的最后环节,可以从价值方面总括地反映经营期决策预算与业务预算的结果。

六、预算工作的组织

预算工作的组织包括决策层、管理层、执行层和考核层，具体如下。

第一，企业董事会或类似机构应当对企业预算的管理工作负总责。企业董事会或者经理办公会可以根据情况设立预算委员会或指定财务管理部门负责预算管理事宜，并对企业法定代表人负责。

第二，预算委员会或财务管理部门主要拟订预算的目标、政策，制定预算管理的具体措施和办法，审议、平衡预算方案，组织下达预算，协调解决预算编制和执行中的问题，组织审计、考核预算的执行情况，督促企业完成预算目标。

第三，企业财务管理部门具体负责企业预算的跟踪管理，监督预算的执行情况，分析预算与实际执行的差异及原因，提出改进管理的意见与建议。

第四，企业内部生产、投资、物资、人力资源、市场营销等职能部门具体负责本部门业务涉及的预算编制、执行、分析等工作，并配合预算委员会或财务管理部门做好企业总预算的综合平衡、协调、分析、控制与考核等工作。其主要负责人参与企业预算委员会的工作，并对本部门预算执行结果承担责任。

第五，企业所属基层单位是企业预算的基本单位，在企业财务管理部门的指导下，负责本单位现金流量、经营成果和各项成本费用预算的编制、控制、分析工作，接受企业的检查、考核。其主要负责人对本单位财务预算的执行结果承担责任。

七、财务预算的编制

根据企业的经营目标，科学合理地规划、预计和测算企业预算期内将要发生的营业活动、投资活动、筹资活动及其将要产生的现金流量、财务状况和经营成果，并以财务会计报告的形式系统地反映有关预算的数据的工作流程，称为财务预算编制。编制财务预算时，可根据企业或其业务的不同特点，选择采用不同的编制方法，按年份、季度、月份来编制。通常情况下，一个完整的财务预算应该包括营业活动预算、投资活动预算、筹资活动预算、现金流量预算、财务状况预算（即预计资产负债表）和经营成果预算(即预计利润表)等内容。以下将按照目标销售量为编制起点的编制流程,采用固定预算法来阐述营业活动预算、投资活动预算、筹资活动预算、现金流量预算、财务状况预算(即预计资产负债表)和经营成果预算(即预计利润表)的编制过程。

(一)营业活动预算的编制

营业活动预算又称业务预算,是反映企业预算期日常发生的基本经营业务的预算,主要包括销售预算、生产预算、直接材料预算、应交税金及附加预算、直接人工预算、制造费用预算、产品成本预算、期末存货预算、销售费用预算、管理费用预算、财务费用预算等内容。

1.销售预算

销售预算是预算期内预算执行单位销售产品和提供可能实现的销售量和业务量及其收入的预算。销售预算是企业编制营业活动预算的起点。

销售预算的编制以销售预测为基础。企业应根据年度目标利润和市场预测,确定产品结构、产品销售量和劳务需求,以及产品的市场价格,据以编制销售预算。同时,企业应在编制销售预算表的同时,根据预算期的预计销售收入和期初应收账款回收的可能性,编制相关的经营现金收入预算表,作为销售预算表的附表,以反映预算期各季度的含税经营现金收入和回收应收账款的现金收入,为编制现金流量预算提供信息。

销售预算通常应分品种、月份、销售区域和推销员来编制,包括销售收入预算和经营现金收入预算。预算编制可根据以下计算原理和步骤进行。

(1)编制预算期销售预算表

销售预算表的主要内容包括销售量、销售单价、销售收入、增值税销项税额及含税销售收入。

第一,预测预算期各种产品的销售量和销售价格。企业应通过本量利分析等方法和市场预测,并考虑现行生产能力,确定能实现企业最佳效益的产品结构、销售量和销售单价。

第二,确定预算期各种产品的预计销售收入。各季度(或月份)预计销售收入应按各种产品的预计销售量和预计单价确定。

第三,确定增值税销项税额。依据预算期预计销售收入总额和当期增值税适用税率测算预算期各季度(或月份)增值税进项税额。

第四,确定预算期含税销售收入总额。预算期各季度(或月份)含税销售收入应由预计销售收入总额和预计增值税销项税额两部分组成。

(2)编制预算期经营现金收入预算表

经营现金收入预算表主要包括各期含税现销收入和期初应收账款的回收额。

第一,确定预算期经营现金收入。各季度(或月份)的经营现金收入应由预计含税销售现金收入和预计期初应收账款的回收额两部分构成。

第二,确定预算期应收账款年末余额。根据经营现金收入预算表确定预算期应收账款年末余额,为编制预计资产负债表提供资料。

2.生产预算

生产预算是反映企业预算期产品结构和规模的预算。该预算以实物量单位反映预算期各种产品的生产量水平,主要为相关成本费用预算提供实物量数据。

生产预算是在销售预算的基础上,依据以销定产的原则,考虑各种产品的生产能力、期末存货状况等情况,按产品品种分别编制。该预算主要包括预计预算期期初、期末存货量和预计生产量等内容。预算编制可根据以下步骤进行。

(1)预计预算期期末、期初存货量

为了满足生产经营的需要,维持均衡生产,降低进货成本,企业必须保持一定数量的合理存货。因此,预算期的生产量水平除了考虑满足市场需求外,还应考虑预计期初存货和预计期末存货等因素。通常,预计年初存货量可根据基期资产负债表确定,各季初存货量等于上季末存货量;预计各季期末存货量应根据长期销售趋势确定,实务中通常按预计期末存货占下季预计销售收入的比例确定。

(2)确定预计生产量

先预计满足销售和保持合理存货所需要的产量,再扣除期初已有的存货。确定预计生产量时，应注意保持生产量、销售量以及存货量之间合理的比例关系，以避免储备不足、产销脱节或超储积压。

3. 直接材料预算

直接材料预算又称直接材料和采购预算，是反映企业在预算期为组织生产经营活动所需的直接材料耗用量、直接材料采购数量和采购成本的一种日常营业活动预算。

直接材料预算是在生产预算的基础上，结合材料消耗定额和预计材料采购单价等情况编制，包括需用量预算和采购预算两部分内容；并且企业在编制直接材料预算表的同时，还应根据预算期的预计材料采购金额和期初应付账款偿付计划，编制相关的经营现金支出预算表，作为直接材料预算表的附表，以反映预算期各季度的经营现金支出和偿付应付账款的现金支出，为编制现金流量预算提供信息。预算编制可根据以下步骤进行。

（1）编制直接材料需用量预算

预算期直接材料需用量按各种产品的材料消耗定额和预计生产量确定。

（2）编制直接材料采购预算

第一，确定预算期直接材料的采购量。应根据生产需要，并考虑期初、期末材料存货水平计算。其中，预计年初库存量按基期资产负债表期末数确定，预计各季初库存量等于上季度期末库存量，而预计期末材料库存量按下期生产需要量的一定百分比确定。

第二，确定预算期直接材料的采购成本。各季度（或月份）直接材料采购金额应根据预算期直接材料采购量和计划中不含税增值税进项税额的材料单价计算确定。

第三，确定预算期直接材料的采购增值税、进项税额。依据预算期预计直接材料采购金额和当期增值税适用税率测算预算期各季度（或月份）增值税进项税额。

第四，确定预算期直接材料的采购金额。预算期直接材料采购金额应包括预计直接材料采购成本和预计增值税进项税额两部分。

(3)编制直接材料采购现金支出预算

预算期各季度(或月份)直接材料采购现金支出应由偿付以前各期应付账款的现金支出和本期采购材料的现金支出两部分构成。

(4)确定预算期应付账款期末余额

预算期应收账款的年末余额应包括以前期的未付购料款和当期的未付购料款两部分。

4.应交税金及附加预算

应交税金及附加预算是企业预算期内因生产经营活动而产生的增值税、销售税金及附加的预算,主要包括应交增值税、营业税、消费税、资源税、城市维护建设税和教育费附加。

应交税金及附加预算是以销售预算、材料采购预算为基础编制的。预算编制可根据以下步骤进行。

(1)确定预算期应交增值税额

预计应交增值税额可以按以下二种方法估算。

第一,比率计算法。比率计算法是指通过事先确定的应交增值税估算率即实际或估算的应交增值税额占不含税销售收入的比例估算应交增值税额的方法。

第二,直接计算法。即按增值税的实际计税方法,直接以预算期预计增值税销项税额抵扣进项税额的方法估算预计应交增值税。

比率计算法和直接计算法相比,比率计算法在估算各季度应交增值税时,存在一定误差,与直接计算法在数量上存在一定程度的差异,但两种方法估算的全年应交增值税总额基本相等。由于直接计算法需要分别计算销项税额和进项税额,计算比较麻烦,因此,只要预算期内应交增值税和销售收入基本保持一定的比例关系,就可利用比率计算法估算出预算期的应交增值税。

(2)确定预算期预计销售税金及附加

企业预算期销售税金及附加应包括营业税、消费税、资源税、城市维护建设税和教育费附加。

5. 直接人工预算

直接人工预算是企业预算期内直接人工成本的预算，主要反映预算期直接人工工时消耗水平和人工成本水平。

直接人工成本包括直接工资和按直接工资的一定比例计算的其他直接费用。直接人工预算是在生产预算的基础上，依据企业预算期标准工资率、标准单位直接人工小时、其他直接费用计提标准等资料编制。实务中，由于各期直接人工成本中的直接工资一般均由现金开支，而以应付福利费为主的其他直接费用则不一定在提取的当期用现金开支，因此，通常不单独编制现金支出预算，但应对其他直接费用进行适当的调整，以反映预算期福利费的开支情况，为编制现金流量预算提供依据。该预算主要包括预算期直接人工总工时、直接人工工资、其他直接费用、直接人工成本、直接人工成本现金支出等内容，预算编制可根据以下步骤进行。

第一，确定预算期每种产品直接人工总工时。根据生产预算提供的预计生产量和企业预先制定的工时定额计算。

第二，确定每种产品预计直接人工工资。根据产品直接人工总工时和单位工时直接计算。

第三，确定每种产品预计其他直接费用。预计其他直接费用按预计直接人工工资的一定比例计算，按我国现行制度规定，应付福利费的计提率为14%。

第四，预计某产品直接人工成本。预计直接人工成本包括直接工资和按直接工资的一定比例计算的其他直接费用。

第五，预计直接人工成本的现金支出。预算期各季度(或月份)预计直接人工成本的现金支出包括预计直接人工工资和预计福利费形成的现金支出。

6. 制造费用预算

制造费用预算是企业预算期内为生产产品而发生的除直接材料和直接人工以外的其他各种间接费用的预算。它是在生产预算的基础上，按各费用项目的上年预算执行情况，依据预算期成本费用降低任务编制。

制造费用预算可按全部成本法和变动成本法两种方法编制。

按变动成本法编制制造费用预算时,可按成本习性将制造费用分为变动性制造费用和固定性制造费用,分别编制变动性制造费用预算和固定性制造费用预算,将变动性制造费用计入产品成本,而固定性制造费用直接列入利润表作为预算期产品销售收入的扣减项目。制造费用预算也应包括现金支出预算附表,各期制造费用中的变动性制造费用一般均由现金开支,但固定性制造费用中含有非付现成本,如固定资产折旧费,不属于现金流出量,应对固定性制造费用进行适当的调整,计算时剔除其非付现成本部分,以反映预算期制造费用现金支出情况,为编制现金流量预算提供依据。预算编制可根据以下步骤进行。

(1)确定预算期变动性制造费用总额

变动性制造费用以生产预算为基础,根据产品预定分配标准和分配率计算确定。

(2)确定预算期固定性制造费用总额

固定性制造费用通常与产量无关,可在基年实际数据基础上,逐项考虑预算期可能发生的变动,按预算期实际需要确定。可有两种做法:其一是逐项确定预算期全年固定性制造费用总额,预算期每季度(或月份)固定性制造费用按全年平均数计算;其二是按实际需要逐项预计每季度(或月份)固定性制造费用,再确定预算期全年固定性制造费用总额。

(3)确定预算期制造费用现金支出数

预算期制造费用现金支出包括变动性制造费用现金支出和固定性制造费用现金支出两部分。制造费用预算现金支出数的预算可单独编制,也可不单独编制,但要在制造费用预算正表下编制附表加以反映。

7.产品成本预算

产品成本预算是反映企业预算期每种产品的单位成本、生产成本、销售成本的预算,主要是为编制预计资产负债表和预计利润表提供依据。它以销售预算、生产预算、直接材料预算、直接人工预算、制造费用预算为基础,按产品品种编制。

不同的成本计算方法和存货计价方法对预算的编制会产生不同的影

响。企业在采用完全成本法的前提下,产品成本应包括变动生产成本和固定性制造费用;而在采用变动成本法的前提下,产品成本只包括变动生产成本,固定成本全部作期间费用处理,其中,变动生产成本应包括直接材料、直接人工和变动性制造费用。存货计价方法应包括先进先出法、后进先出法、加权平均法等。

在变动成本法下,如果产成品存货采用先进先出法计价,产品成本预算可根据以下步骤进行。

第一,测算产品预算期生产单位产品发生的生产成本。

第二,测算产品预算期生产产品发生的生产产品总额。

第三,测算预算期完工产品生产成本。

第四,测算预算期产品销售成本。

8.期末存货预算

期末存货预算是反映企业预算期末的在产品、产成品和原材料成本水平的预算。存货预算的编制应以产品成本预算为基础,按存货的具体项目分别编制,通常应包括在产品、产成品、原材料三种形式。期末存货预算可按以下步骤进行:①测算各项存货的期末余额。②汇总各项存货的期末余额。

9.销售费用预算

销售费用预算是反映企业预算期内组织产品销售所发生的各项费用的预算。该预算可采用两种方法编制:其一,可采用上述制造费用的编制方法进行编制;其二,可将销售费用划分为变动性费用和固定性费用两部分,对于随销售量成正比例变动的变动性销售费用,应按各季度(或月份)预计销售量和费用分配标准估计,对于不随产量变动而变动的固定性销售费用,应逐项反映全年的费用水平。同时,还应编制相应的现金支出预算,为现金预算的编制提供依据。编制销售费用预算可根据以下步骤进行。

(1)测算预算期变动性销售费用

企业应在预测变动性销售费用预算总额和各项费用分配标准的基础上,确定各单位产品变动费用分配标准,并据以测算预算期变动性销售费用。

(2)预测固定性销售费用预算总额

固定性销售费用预算总额应等于各项费用之和。

(3)测算预计销售费用的现金支出额

一般而言,变动性销售费用现金支出额与费用预算总额相等,而固定性销售费用现金支出则应在预算总额的基础上扣除其中的非付现成本(如销售机构的折旧费)确定。

10.管理费用预算

管理费用预算是企业预算期为组织和管理企业生产经营活动场所预计发生的各项费用的预算。该预算可采用两种方法编制:其一,可按上述制造费用或销售费用的编制方法进行编制,即将管理费用划分为变动性费用和固定性费用两部分,对于随销售量成正比例变动的变动性管理费用,应按各季度(或月份)预计销售量和变动性管理费用分配率估计,对于不随产量变动而变动的固定性管理费用,应逐项反映全年的费用水平;其二,由于管理费用中大多为固定费用,为了简化预算编制工作,管理费用预算还可直接按项目反映全部管理费用的全年预计水平。

同时,管理费用预算还应附加编制相应的现金支出预算。一般情况下,各期制造费用中的变动性制造费用一般均由现金开支,而由于固定性管理费用中含有固定资产折旧费和无形资产、开办费摊销额等非付现费用,应对固定性管理费用进行适当的调整,计算时剔除其非付现费用部分,以反映预算期管理费用现金支出情况,为编制现金流量预算提供依据。

11.财务费用预算

财务费用预算是反映企业预算期内因筹措使用资金而发生的财务费用的预算。

(二)投资活动预算的编制

投资活动预算又称特种决策预算,是指对企业在预算期内从事的各种投资活动所编制的预算,它包括对内投资预算和对外投资预算、短期投资预算和长期投资预算、股权投资预算和债权投资预算等。投资活动预算应根据预算期内的投资计划编制。投资活动预算应该在划分短期投资预算和长期投资预算的基础上，按照对内投资预算和对外投资预算、股权投资预算和债权投资预算来编制。

1.短期投资预算的编制

短期投资是指能够随时变现并且持有时间不准备超过1年(含1年)的投资，包括股票、债券、基金等。短期投资一般都属于对外的投资，通过用现金购买股票、债券、基金等来实现投资的目的，因此，短期投资一般都引起现金流量的变动，需要纳入现金流量预算的范畴。短期投资预算应该根据投资计划按照投资类别或项目来编制，并同时编制投资所引起的现金流量预算。

2.长期投资预算的编制

会计上的长期投资是指除短期投资以外的投资，包括持有时间准备超过1年(不含1年)的各种股权性质的投资、不能变现或不准备随时变现的债券、其他债权投资和其他长期投资。从这个定义上看，会计上的长期投资实际上只是指对外长期投资，并没有包括对内长期投资。

财务管理中的长期投资所包括的范围要比会计的宽，它除了包括对外长期投资外，还包括对内长期投资，如企业购买或新建、扩建、改建固定资产的投资就属于对内长期投资，购买无形资产的投资也属于对内长期投资等。

长期投资预算应该根据投资计划区分对内投资和对外投资，按照投资类别或项目来编制，并同时编制投资所引起的现金流量预算。

(三)筹资活动预算的编制

筹资活动预算是指企业在预算期为筹集生产经营活动所需资金而进行的筹资活动的预算。它包括股权筹资预算和负债筹资预算、短期筹资预算和长期筹资预算、内部筹资预算和外部筹资预算等。企业向银行借款、发行债券等筹资活动的预算，主要依据预算期投资活动预算发行债券批文、期初借款余额及利率等资料编制，反映预算期内向银行借款、发行债券筹措的负债资金、各项发行费用以及归还原有借款、债券本息；企业经批准在预算期内发行股票、配股、增发新股等筹资活动的预算，应依据股票发行计划、配股计划和增发股票计划等资料单独编制，反映预算期内发行股票、配股、增发新股所筹措的权益资金和各项发行费用。

企业编制筹资活动的预算,应根据预算期初现金余额、预算期内经营活动和投资活动所产生的现金流量以及预算期内为支付前期筹资本息或利润而发生的现金净流量来确定筹资金额的预算数。

(四)现金流量预算的编制

现金流量预算简称现金预算或现金收支预算,它是以日常营业活动预算和投资活动预算为基础编制的反映现金收支情况的预算。现金流量预算是企业预算体系的中心预算,它综合反映了企业预算期现金流转的情况。通过现金流量预算,可确定企业预算期所需资金的总额,有效地控制现金的使用,并根据现金的需求预先安排筹资的时间和数额,为企业及时有效地筹资和投资提供时间和数量依据,是企业财务管理人员重要的资金控制工具。

现金流量预算的编制有两种不同的方法,即现金收支法和净损益调整法。

1.现金收支法

现金收支法也称直接法,是指直接以预算期发生的现金流入量扣除现金流出量确定预算期现金余缺,并据此制定预算期资金融通计划调整现金期末余额的方法。采用现金收支法编制预算时,一个完整的现金流量预算通常应反映以下内容。

(1)预计现金收入

预算期现金收入主要指经营业务活动产生的现金流入,包括预算期期初现金余额和预算期计划经营现金收入。如计划收回的应收账款,应收票据的兑现和贴现,现销收入等。

(2)预计现金支出

预算期现金支出主要指经营业务活动产生的现金流出,包括偿还应付账款,采购直接材料,支付直接人工、制造费用、经营费用、管理费用及财务费用等,同时还包括缴纳税金、分配股利等支出,以及投资活动如购买设备产生的资本性现金支出。

(3)预计现金余缺

预算期现金余缺即现金的溢余或短缺,是现金收入与现金支出的差额。当收支差额超过企业现金库存限额时,称为现金溢余,收支差额小于库存现金限额时,称为现金短缺。

(4)资金的融通计划

资金的融通即现金的筹措和运用。为满足预算期生产经营活动对现金的需求和降低现金持有成本,企业应保持现金最佳余额即库存限额,预算期发生现金余缺,应通过资金融通计划来调整期末现金余额。企业在现金短缺时,可通过抛售有价证券或向银行借款等方式筹措所需资金;企业在现金溢余时,可安排偿还借款本息,仍有结余,则可用于短期有价证券投资。

2.净损益调整法

净损益调整法又称间接法,是指以预算期目标净利润为起算点,调整不涉及现金的收入、费用、应收应付款项等项目的增减变动,据此反映预算期现金净流入、现金期末余额及余缺数。采用净损益调整法编制预算时,现金流量预算通常应反映以下内容。

第一,净利润。即利润表反映的净利润,它是按权责发生制的原则确认和计量的,既包括经营净损益,又包括不属于经营活动的损益。

第二,经营现金净流量。经营现金净流量应在净利润的基础上调整实际没有支付现金的费用(如固定资产折旧和无形资产摊销)以及经营性应收应付项目的增减变动。

第三,现金净流量。现金净流量应包括经营现金净流量以及筹资和投资活动产生的现金净流量。

第四,本期现金余额。预算期现金余额是指预算期初现金余额和当期现金流入量扣除现金流出量的差额。

第五,现金余缺额。预算期现金余缺额是指预算期现金余额与现金最低存量的差额。当现金余额超过现金最低存量时,称为现金溢余;现金余额低于现金最低存量时,称为现金短缺。

(五)财务状况预算的编制

企业是通过编制预计资产负债表来综合反映其预算期期末的财务状况的。通过预计资产负债表可以反映预算期财务状况的稳定性和流动性。通过预计资产负债表,分析预算期相关的财务比率,可及时修改相关预算,以改善预算期的财务状况。预计资产负债表的内容和格式与资产负债表相同,但它是以预算数反映预算期期末的财务状况。它以预算期期初(即本期期末)实际的资产负债表的数据为基础,根据预算期的投资活动预算、筹资活动预算、营业活动预算、现金流量预算等有关资料分析编制。

(六)经营成果预算的编制

经营成果预算又称利润表预算、预计利润表,是一种以货币形式综合反映预算期内企业经营活动成果(利润总额和净利润)计划水平的财务预算,它具有和实际利润表相同的内容和结构,但反映的是企业预算期的预计利润,一般依据预算期的投资活动预算、筹资活动预算、营业活动预算、现金流量预算等有关资料分析编制。

第二节　财务预算的编制方法与程序

财务预算的编制方法与程序是财务运算实践和应用的重要环节,直接关乎财务预算的顺利开展。

一、财务预算的编制方法

(一)固定预算法和弹性预算法

1. 固定预算法

(1)固定预算法的含义和特征

固定预算法是一种传统的编制预算的方法,最早的固定预算是政府机关的经费预算,随后工商企业在编制成本预算和利润预算时也引入了这种预算方法。

固定预算法简称固定预算,是指根据预算期内正常的、预计可实现的某一业务量水平编制预算的方法。固定预算法的基本特征是:在编制预算时,不考虑预算期内经营业务水平可能发生的变动,只按照预算期内唯一的、不变的预计可实现的正常业务量水平为基础确定相关数据，并将实际结果与按预算期内预定的某一共同的业务水平为基础确定的预算数进行比较，据以进行控制和考核。①

（2）固定预算的基本编制方法

编制固定预算时，先测算预算内可实现的正常业务量水平，如预计产销量，并以这一业务水平为基础确定相关数据，据以编制固定预算。

（3）固定预算法的优缺点和适用范围

固定预算法在编制预算过程中，只依据某一经营活动水平确定相关数据，简单易行，工作量少，但也存在适应性较弱、可比性较差的弱点。

预算人员在长期的实践中发现，尽管运用了许多科学的方法，但由于市场情况瞬息万变、变幻莫测，企业内部的生产经营活动也时有意外的调整和变动，未来业务量水平经常发生波动，以致企业难以完全准确地预测市场需求，实际结果和预算结果存在一定程度的偏差。然而，固定预算不论预算期内实际业务量水平是否发生波动，都只按预定的某一业务量水平作为编制预算的依据，当实际业务量与编制预算所依据的预计业务量发生较大差异时，就会因业务量基础不同而失去可比性，有关指标的实际数无法与以相应业务量为基础确定的预算数进行比较，使预算无法适应实际业务水平的变化，降低了甚至失去了预算控制和考核作用，扭曲和误导了对企业预算的业绩考核和评价。

一般来说，固定预算法由于它的稳定性和工作量较少，在日常预算工作中运用最广泛。它主要适用于固定费用预算和数额比较稳定的预算项目，多用于业务量水平较为稳定的企业和非营利组织相关预算的编制。

2.弹性预算法

为了适应企业生产规模和不同经营业务量水平的变化，真实、准确地反映某一特定生产规模和业务量水平上应该发生的费用开支或应该取得的收入和利润，企业预算应适应不同业务量的变化，即使预算期内的实际业务量水平同预计业务量不一样，也能找到同实际业务量相适应的

①刘波．管理会计在企业财务管理中的应用[J]．投资与合作，2021(02):111-112.

预算额。

(1)弹性预算法的含义和特征

弹性预算法简称弹性预算,又称变动预算或滑动预算,是在固定预算基础上发展起来的一种预算方法。它是指企业根据成本、业务量、利润之间的依存关系,以预算期可预见的各种业务量水平为基础编制的预算。即在考虑预算期内企业生产经营活动可能发生变动的基础上,按照可预见的各种生产经营活动水平分别确定相关数据,并将实际结果与按预算期内预定的相应业务水平为基础确定的预算数进行比较,据以进行控制和考核。

与固定预算相比较,弹性预算显著的特点是以预算期可预见的各种业务量水平为基础编制的预算,使预算能适应生产经营活动的各种业务量的变化。

(2)弹性预算的基本编制方法

第一,编制弹性预算的准备工作。

弹性预算是在按照成本(费用)习性分类的基础上,根据量本利之间的依存关系编制的预算。在编制预算前应做好如下准备工作。

首先,选择(或确定)相关经营业务量水平的计量标准。业务量计量单位应根据企业的具体情况进行选择。通常情况下,制造单一产品或零件的部门,可以选用产品的实物数量(如产销量);制造多种产品或零件的部门,可以选用直接人工工时或机器工时,即以手工操作为主的车间应选用人工工时,而机械化程度较高的车间应选用机器工时;修理部门可选用直接修理工时。

其次,确定预算期可预见的经营活动水平的范围,并预计预算期可能实现的各种业务量水平。业务量水平的范围即弹性预算适用的业务量变动区间,应根据企业或部门的业务量变化情况而定,一般是实际业务量不会超越的范围。业务量范围一般可以历史上最高业务量和最低业务量为其上下限,也可定在正常生产能力的70%~110%之间,各种可能的业务量水平之间的间隔通常为5%或10%。

第二,弹性预算法的具体应用。

弹性预算法主要用于收入预算、成本预算和利润预算的编制。以下将具体说明成本弹性预算和利润弹性预算的具体编制方法。

首先,成本弹性预算的编制。成本弹性预算的具体编制方法主要有公式法和列表法两种。

其次,利润弹性预算的编制。利润弹性预算是根据成本、业务量和利润之间的依存关系,以成本弹性预算为基础,以预算期内多种可能实现的销售净收入为出发点编制的,适应多种业务量变化的利润预算。利润预算的主要内容包括销售量、销售价格、单位变动成本、边际贡献和固定成本总额,以预算期内多种可能实现的销售净收入扣减相应的成本,分别确定不同销售水平可能实现的利润或发生的亏损。

一般情况下,如果企业产品的品种不多,应先将固定成本在各种产品之间进行分配,再按因素法编制预算,对各种产品分别进行考核;如果品种繁多,但有几种主要产品的企业,则可先按百分比法编制预算,再将固定成本在主要产品之间分配,采用因素法分别编制各主要产品的利润预算,在总额控制的基础上再对每种主要产品进行考核分析。

(3)弹性预算的优缺点和适用范围

与固定预算法相比,弹性预算的优点主要体现在以下两方面。

第一,弹性预算具有一定的伸缩性,机动性强,适用范围广。弹性预算能以弹性方式反映预算期可预见的多种业务量水平下的预算数,适应预算期内生产经营活动的各种变化,能够根据实际业务量进行机动调整,扩大了预算的适用范围。

第二,弹性预算具有较强的可比性。在弹性预算法下,如果预算期实际业务量与预计正常业务量不一致,可以将实际指标与实际业务量相应的预算指标进行比较,从而使预算执行情况的评价与考核建立在更加客观和可比的基础上,便于更好地发挥预算的控制作用。

弹性预算一般适用于与预算执行单位业务量有关的成本(费用)、利润等预算项目。由于未来业务量的变动会影响到成本费用和利润等各个方面,从理论上讲,弹性预算适用于全面预算中所有与业务量有关的各种预算，但在实务中，收入、利润一般按概率的方法进行风险分析预算，而直接材料、直接人工可按标准成本制度进行标准预算，只有制造费用、销售费用及管理费用等间接费用应用弹性预算的频率较高。

（二）定基预算法和零基预算法

1.定基预算法

（1）定基预算法的含义和特征

定基预算法简称定基预算，又称调整预算法、增量预算法，是指在编制预算时，以基期成本费用水平为基础，结合预算期业务量水平及有关成本影响因素的变化和有关降低成本的措施，通过调整原有成本费用项目的内容和金额而形成预算的方法。

定基预算认为企业现有的业务活动必须继续进行才能使企业正常经营，因此原有为现行经营业务发生的各项成本费用项目都是合理的，预算期的各项成本费用应在现有费用的基础上进行调整。

（2）定基预算的基本编制方法

在按定基预算法编制预算时，以基期项目的预算指标值为基础，按比例进行增减调整推算预算期的该类预算指标。

（3）定基预算法的优缺点和适用范围

定基预算法以过去经验为基础，认为过去存在的即合理，主张不需要在预算内容上做较大改进，而是因循沿袭以前存在的预算项目，只需对需要增减的费用项目在内容和金额上进行调整。这种传统的预算方法比较简便，但存在一定的缺陷，具体如下。

第一，不利于有效节约成本费用。采用定基预算法编制预算时，往往不加分析地保留或接受原有成本项目，可能会导致原来不合理的费用开支继续存在下去，形成不必要开支的合理化，而且年复一年，这些不合理因素将会像滚雪球一样越滚越大，造成预算先天性的浪费，使预算脱离甚至完全背离实际，失去预算的先进性，从而失去预算的意义。

第二，不利于调动各部门降低成本费用的积极性。预算人员采用定基预算法时，往往凭主观臆断对成本费用项目平均削减或只增不减，使预算演变为一种随意而简单的工作，不能引起各部门足够的重视，同时受到历史条条框框的限制,无法发挥积极性和创造力。

第三,不利于企业未来的发展。定基预算着重于现存费用项目的预算,而忽略对企业未来发展有利确实需要开支的项目,将一些对企业未来发展有利的管理创新思想和方法扼杀于孕育和襁褓中。定基预算法一般只适用于那些不太重要而且发生变动的概率很小的项目的预算。

2.零基预算法

(1)零基预算法的含义和特征

零基预算法全称为“以零为基础编制计划和预算的方法”,简称零基预算,又称零底预算,最早起源于美国,而现代零基预算是美国得克萨斯仪器公司的人事控制经理彼得·派尔在20世纪70年代提出的一种较为有效管理间接费用的方法。卡特任美国总统后,在1979年要求联邦政府全面实行零基预算,此法风靡全美,随后在西方国家广泛应用。

零基预算是指在编制成本费用预算时,对于所有的预算收支均以“零”为基底,不考虑其以往情况和现有的费用开支水平,而是从实际需要出发,从根本上研究分析每项费用开支的必要性、合理性,各项收入的可行性,以及各项收支数额的大小,逐项审议决策从而予以确定收支水平的预算。零基预算法认为资源分配应当建立在全面比较和科学分析基础上,即所谓的“理性主义”;同时强调参与性管理,即应充分调动各部门管理人员的职级性,由下而上逐级建立预算。与传统的定基预算方法比较,零基预算具有如下特点。

第一,编制预算的基础不同。定基预算以现有的各种费用项目的实际开支数为基础,考虑预算期经营业务的变化,做适当的增减调整后确定;零基预算不是以现有费用水平为基础,而是一切以零为起点,根据预算期经营活动的重要性和可供分配资金的数量确定。

第二,预算编制分析的对象不同。定基预算只考虑预算期的变化,维持过去的费用项目和开支水平,只对预算期的变化进行成本效益分析;零基预算要求对预算期内一切经营业务活动及支出都要进行成本效益分析。

第三,预算的着重点不同。定基预算着重于基期金额上的增减,零基预算则着眼于实际业务需要，按费用的必要性和重要程度分配使用资金。

(2)零基预算的基本编制方法

零基预算法在编制预算时，首先对每项业务所需的人力、物力、财力进行成本效益分析，确定各费用项目存在的必要性；然后按项目的轻重缓急，安排企业预算期各项预算经费。具体操作流程如下。

第一，建立“决策单元”，订定部门预算方案。决策单元是零基预算的基本单位，是零基预算的基本组成部分，它可以是一个项目、一项工程或下属机构。

第二，建立项目的“决策包”(方案)。企业内部各部门根据预算期的战略目标，逐项分析进行某项经营业务的目的、不从事该项活动将产生的影响，寻找完成该经营活动的最佳途径，从实际需要出发，不考虑这些费用以往是否发生以及发生数额的大小，详细提出各项业务所需要的费用项目及其开支数额，拟订部门预算方案。

第三，确立资金配置层次。预算委员会对各部门提出的预算方案进行成本效益分析。首先，将每项费用的预计收益和成本进行对比分析，权衡利害得失，分析经营业务发生的必要性，将费用划分为可避免和不可避免费用，从根本上剔除一些可避免发生的项目。其次，将必要的、不可避免发生的费用项目划分为不可延缓费用项目和可延缓费用项目，根据轻重缓急的原则，按重要程度、影响程度分为不同等级，并依级次排列。

第四，将预算期可动用资金依次分配，落实使用，不可延缓项目必须充分供应资金，可延缓项目则可考虑推迟执行，当期只需满足部分资金的需要。既要保证重点预算项目资金，又要使预算期内各项生产经营活动得以均衡协调的发展。

(3)零基预算法的优缺点和适用范围

零基预算是控制间接费用的较为有效的方法，美国斯坦福大学曾经运用零基预算有效地削减了公共服务补助支出和多余人员的数量及其薪资支出就是一个成功的例子。与定基预算相比，定基预算就像一幅已完成的画卷，只能在已有的构图下润色；而零基预算就像一幅洁白的画布，让预算者的思维可以天马行空，勾画未来最美的蓝图，使预算者的才智淋漓尽致地发挥。其优势体现在以下四个层面上。

第一,能充分发挥各级管理人员的积极性、主动性和创造性。编制零基预算要求全员参与,预算编制以零为起点,没有过去条条框框的限制,不受现行预算的束缚,促使各预算部门精打细算,量力而行,合理有效地进行资源分配。

第二,更有效地节约成本费用。零基预算不是对过去的简单增减和修补,而是通过成本效益分析重新规划和设计,保证将有限的资金用在刀刃上,提高资金使用效率。

第三,零基预算从实际需要出发确定费用项目及支出数额,能切合当期的实际情况,使预算更能充分发挥其控制实际支出的作用。

第四,以企业的战略目标为出发点确定必须费用开支项目,有利于企业长远目标的实现。

零基预算也并非完美无缺,与定基预算法相比较,零基预算也存在一定的缺陷,表现为预算的编制十分复杂,要求决策者对企业现状和市场进行大量的调查研究,对浩如烟海的方案的资金使用效果和投入产出关系进行定量分析,准确排序,势必耗费大量的人力、物力和财力,这给零基预算的编制和推广带来了一定的困难。企业通常隔若干年才编制一次零基预算,以后的几年只略做适当的调整,既简化了预算工作量,又有效地节约了费用开支。同时,由于零基预算采用自下而上的编制模式,由生产经营第一线的员工以他们的思维方式提出预算方案,没能站在更高层次从全局的角度出发去规划和设想,对整个企业面临需要解决的问题认识不深,这样的预算观念狭隘。

零基预算特别适用于产出较难辨认的服务性部门费用预算的编制。一般适用于不经常发生的或者预算编制基础变化较大的预算项目,如对外投资、对外捐赠等。

在实践中,虽然人们普遍认为零基预算比传统的增量预算要好,但它并没有得到大量应用。由于预算编制人员仍掌握着以前所从事工作方面的知识和信息,形成了较为稳定的思维方式和习惯,编制预算时很可能依样画葫芦,只对基期预算的变动进行调整,绕道而行后又回归增量预算的轨道。但在企业的中高层管理人员经常变动或者项目发生变动,以及存在大量战略变动和高度不确定性的条件下,零基预算是非常有效的。

二、财务预算的编制程序

财务预算编制流程是企业编制财务预算的基本步骤和过程,是编制财务预算的导航和主线。财务预算的内容涉及生产经营活动的每一个环节、每一个层面,而生产经营活动的每个环节和层面错综复杂,纵横交错;同时企业在不同时期的市场环境、组织结构、经营规模均有不同的特点,也有着不同的经营目标和不同的管理模式。因此,编制财务预算前首先应以经营目标为出发点和归宿,规划预算编制的起点,设置严密的、通畅的编制流程,理顺各种关系,适应企业不同生命周期的需要,保证企业战略意图实现。在财务预算编制的过程中,财务预算编制起点的确定对于整个预算编制起着决定性作用。

(一)以目标销售量为编制起点

目标销售量是企业战略管理的重点,是扩大市场占有率、实现企业战略目标的重要手段和途径。为了实施市场竞争营销战略,为其提供全方位的管理支持,以目标销售量为编制起点的编制流程应以市场为依托,依据“以销定产”的原则设计。该流程的起点是以销售预测为基础编制的销售预算,在销售预算的基础上,依据预计销售量和预计期初、期末合理存货安排预算期生产量,最后根据生产需要进行各项物资的供应和配置。该流程是目前市场经济体制时期正在运作的模式,是实务中最为广泛采用的一种编制流程。

1.构成内容

以目标销售量为编制起点的财务预算通常以日常经营活动为主线,规划和反映预算期日常经营活动及专门决策活动的过程,由销售预算、生产预算、供应预算、成本费用预算、投筹资活动预算、现金流量预算、财务状况预算和经营成果预算等构成。

(1)销售预算

销售预算是对预算期销售目标的规划,反映预算期的预计销售量和销售收入水平。该预算以销售预测为基础编制,同时是预算编制流程的起点。

(2)生产预算

生产预算是对预算期生产水平的规划,以实物量为单位反映预计期初、期末产品存货的预计生产量。该预算以销售预算和产成品存货预算为基础。

(3)供应预算

供应预算是规划各项资源供给及配置的预算,反映预算期的直接材料费用、直接人工费用和制造费用。该预算的编制应以生产预算为基础。其中,“直接材料费用预算”反映企业在预算期为组织生产经营活动所需的原材料和主要材料,包括直接材料需用量、直接材料采购数量和采购金额等内容;“直接人工预算”是规划企业预算期内直接人工成本的预算,主要反映预算期直接人工工时消耗水平和人工成本水平,包括直接人工总工时、直接人工工资、其他直接费用和直接人工成本等内容;“制造费用预算”是反映企业预算期内为生产产品而发生的除直接材料和直接人工以外的其他各种间接费用的预算,包括变动性制造费用和固定性制造费用等内容。

(4)成本费用预算

成本费用预算是反映预算期为组织和管理生产而发生的管理费用、财务费用和销售费用的预算,主要以销售预算为基础编制。

(5)投筹资活动预算

投筹资活动预算是企业内部制造资本性长期投资决策和为筹集生产经营活动所需资金而进行的筹资活动的预算。包括固定资产投资预算、权益资本投资预算、债券投资预算和筹资活动预算。

(6)现金流量预算

现金流量预算反映预算期生产经营活动所引起的现金流入和流出情况。该预算以上述预算提供的现金流量为基础编制。主要包括预计现金收入、现金支出、现金余缺和资金的融通等方面的内容。

(7)财务状况预算和经营成果预算

财务状况预算通过预计资产负债表反映预算期财务状况的稳定性和

流动性;经营成果预算通过预计损益表以货币形式综合反映预算期内企业经营活动成果。该预算根据预算期的投资活动预算、筹资活动预算、营业活动预算、现金流量预算等有关资料分析编制。

2.基本步骤

以目标销售量为编制起点的编制流程在编制财务预算时按以下步骤进行。

(1)进行销售预测,确定预算期产品销售量和计划价格

企业销售部门根据企业的预算目标生产能力和市场情况,采用趋势预测、回归分析、量本利预测等定量预测方法并结合市场调查专家意见等定性预测方法,对企业预算期销售量进行科学的预测,同时确定产品的计划价格。

(2)编制销售预算,确定预算期销售目标

销售部门在销售预测的基础上,根据预计销售量、计划价格和适用增值税税率,考虑预算期间可能发生的变动,编制销售预算,确定预算期的含税销售收入。

(3)编制生产预算,保证目标销售的实现

生产部门根据企业的销售渠道和销售能力以及相应的管理、技术水平,确定合理的库存水平,再按销售预算确定的销售目标和预算期初、期末合理存货的需要,编制生产预算,确定预算期生产水平。

(4)编制供应预算,满足生产经营的需要

供应部门首先根据预计生产量测算预计材料需要量,并考虑期初、期末合理存货量确定直接材料采购数量和采购金额;其次根据生产的需要给不同岗位配备不同等级的工人,确定岗位工资标准,根据不同岗位的工资标准确定相应的人工成本,然后汇总计算直接人工成本;最后按制造费用的工时消耗水平确定变动性制造费用,按实际需要确定固定性制造费用,并汇总编制制造费用预算。确保料、工、费供应渠道通畅,使生产经营活动正常有序地进行。

(5)编制成本费用预算,加强预算管理和控制

各职能部门根据企业内外部的具体情况,充分考虑预算期经济环境

和市场环境的变化，挖掘内部潜力，从实际需要出发编制各项成本费用预算，包括管理费用、财务费用和销售费用预算，努力节约成本，确保预算目标的实现。

(6)编制投筹资活动预算，确保资金来源渠道通畅

投筹资活动属于企业专门决策预算，资金需要量大，对企业的生存和发展影响深远，财会部门应贯彻“量入为出，量力而行”的原则，努力寻找筹资渠道，降低资金成本和筹资风险，兼顾资本性支出和经营性支出的需求，确保投资收益的实现。

(7)编制现金流量预算，提高资金使用效益

财务部门应在上述预算的基础上编制现金流量预算，以把握预算期现金流入和流出情况，保持现金的收支平衡，以便进行资金运作，满足生产经营活动对资金的需要。

(8)编制经营成果预算和财务状况预算

财务部门依据预算期的投资活动预算、筹资活动预算、营业活动预算、现金流量预算等有关资料分析编制预计资产负债表和预计利润表，分析预算期相关的财务比率和盈利水平，及时根据实际需要调整相关预算或目标利润。

3.优缺点和适用范围

以目标销售量为起点编制财务预算，贯彻“以销定产”的原则，以实现目标销售量为核心，合理安排产销计划，不断开发市场潜力，提高市场占有率，有助于整体市场的迅速扩大，提高企业市场应变能力和竞争优势，使企业快速成长；同时有利于避免存货积压，减少资金沉淀，提高资金使用效率。但以目标销售量为经营目标，可能会造成产品过度开发，不利于企业长远发展；只追求目标销售量也会导致忽略成本降低，不利于增加高企业利润，还可能会为实现销售目标而过度赊销，增加企业坏账损失。

一般情况下，处于市场增长期的企业产品逐渐被市场接受，市场需求量直线上升，企业的经营目标主要是通过市场营销开发市场潜力，提高市场占有份额，使企业快速成长，适宜采用以目标销售量为起点的编制

流程编制财务预算,使企业能适应管理和市场营销的需要,以销定产,提高市场应变能力和竞争优势。另外,以目标销售量为编制起点的编制流程还适用于产品生产季节性较强或市场需求波动较大的企业,这些企业所面临的市场不确定性较大,需要根据市场的变化情况调整其生产经营活动,按特定的季节和时期进行预算管理。

(二)以目标利润为编制起点

以目标利润为编制起点的编制流程是在继承企业传统预算编制流程基础上的一种创新,它是以企业利润最大化为核心的预算编制流程。该流程以经营成果预算作为整个预算编制的起点和关键,以目标利润作为业绩考评的主要指标。其特点是以利润作为预算目标和起点,利润指标既是预算的前提也是预算执行的结果。目标利润确定后,预算单位应努力采取措施增加收入、降低成本,以保证目标利润的实现。

1.构成内容

以目标利润为编制起点的财务预算主要包括经营成果预算、销售预算、成本预算、现金预算等内容。经营成果预算是反映企业将目标利润分解,并落实到二级预算单位的预算。经营成果预算应以目标利润的预测为基础编制。企业应以历史资料为基础,在充分考虑预算期产品结构、成本、技术、供求关系及其对利润指标综合影响的基础上,预测预算期的利润水平;再根据企业未来发展的规划确定目标利润,据以确定预算期完成目标利润的销售量及各项成本费用水平,并分解为各二级预算单位的预算目标,由各部门根据预算目标编制销售预算、生产预算、供应预算以及成本费用预算,在各级预算单位完成单位预算的基础上实现企业整体目标利润。企业在确定目标利润时,应兼顾长短期利益,使预算目标与企业长远发展规划协调一致,同时确保目标利润的科学性、先进性和可行性。

2.基本步骤

以目标利润为编制起点的编制流程可按以下步骤编制财务预算。

第一,预算管理委员会根据各二级预算单位上年利润实际数,结合预算期内外部环境的变化,确定部门目标利润,并下达给各级预算单位。

第二,预算管理委员会与各二级预算单位召开预算讨论会,对初拟的利润目标进行协商调整。由于预算编制者不直接参与各个部门的生产经营活动,对各部门的实际情况和经营潜力把握会有一定程度的偏差,为了使预算指标具备先进性和可行性,必须和部门进行沟通和交流,以便取得第一手的材料,以防预算脱离实际,削弱甚至失去控制、激励的作用。

第三,各二级预算单位根据预算管理委员会正式下达的年度部门目标利润编制预算。二级预算单位将目标利润层层分解落实,将基层单位预算汇总编制部门财务预算,并将预算情况上报预算管理委员会。

第四,预算管理委员会汇总各部门的预算,编制全公司财务预算。预算管理委员会根据各部门上报的预算汇总协调编制总公司预算,下达执行,并以此对总公司总体利润目标的实现情况进行监控,确保利润目标最终顺利实现。

3.优缺点和适用范围

以目标利润作为财务预算的编制起点,使利润不仅是预算的结果,还是预算的前提,即利润不再是预定销售行为和成本控制的结果,而是销售行为和成本控制必须达到的水平,企业为了追求利润目标,必须积极考虑销售和成本所应保持的水平,表现出这种计划的主动性,从而把握了实现企业利润最大化的主动权,促使各部门为了完成利润目标,努力扩大销售,挖掘节约成本的潜力,提高企业的竞争能力,增强企业综合盈利能力;同时,企业通过目标利润进行控制和考核,并配合企业的薪酬激励方案,使企业每位员工明确自己应尽的责任和与此挂钩的利益,想方设法完成预算任务,极大限度地调动了员工的主动性、积极性。

总之,以目标利润为编制起点可以促进企业经营决策的科学化,使企业管理方式由直接管理转向间接管理,进一步强化了企业的内部管理工作,使各部门和员工明确工作目标,协调一致。

但以目标利润为编制起点编制的预算,容易造成企业只顾追求高额利润,忽略企业的财务风险和经营风险,也可能导致企业只顾预算年度利润,忽略长远发展的短期行为,从而引发企业通过一系列手段虚降成本虚增利润的虚假行为。以目标利润为编制起点的编制流程主要适用于以利润最大化为目标的企业。

(三)以目标成本为编制起点

在财务预算管理系统中,预算控制具有全程、全员、全额的特点,控制面涉及生产经营的各环节,包括收入、成本、利润、资金等方面,而成本控制则是预算控制的基础和关键。

以目标成本为编制起点的编制流程是编制以强化成本控制为核心的财务预算的基本程序和步骤,是指在编制财务预算时以设定目标成本为预算起点,并将目标成本分解落实到各责任单位和个人。实施以目标成本为编制起点编制的预算要求以成本为核心进行预算管理,预算控制以成本控制为主轴,预算考评以成本预算为主要考评指标。

1.构成内容

以目标成本为编制起点的编制流程是指编制财务预算时,以历史成本为基础,通过市场调查,结合企业的经营潜力和目标利润,倒挤出企业的目标成本,再加以适当的调整和分类,形成一套完整的标准成本指标体系,并将目标进行层层分解,规划达成目标的全过程,形成财务预算,落实到各预算执行单位和个人。整个编制流程中应包括各项成本费用预算、产销量预算、供应预算等业务预算和其他预算。在该编制流程下,企业应按预算流程对其生产经营活动进行全程跟踪,按预算目标进行严密控制,并建立以成本指标的完成情况为考核依据的评价激励制度,促使各部门不断提高生产工艺,努力挖掘节约成本的潜力。

2.基本步骤

以目标成本为编制起点的编制流程可按以下步骤编制财务预算。

(1)制定切实可行的目标成本

目标成本的制定是编制以成本为核心的财务预算的编制流程的前提和关键。目标成本是企业预算期为实现目标利润而要求达到的成本水平。通常包括基本目标成本、理想目标成本和正常目标成本三种类型。

第一,基本目标成本。

基本目标成本是指过去某年度的实际成本或第一次制定的目标成

本。确定基本目标成本简单易行,但随着时间的推移,企业的生产技术和经营水平均会发生变化,因此,该目标成本通常是现有条件下已经实现的成本水平,不经努力也可达到,缺乏应有的控制和激励作用,在实际工作中较少使用。

第二,理想目标成本。

理想目标成本是以现有最佳的生产经营条件为前提确定的理论目标成本,是在采用现代化的最先进的技术和设备的基础上,根据最充分的生产能力的利用程度、不允许任何浪费的生产要素耗用水平、最理想的生产要素价格制定的最低成本。该目标成本处于一种理想状态,在现实条件下难以实现,只能作为企业的奋斗目标,而不宜作为业绩考评的依据,在实际工作中较少采用。

第三,正常目标成本。

正常目标成本是以在现有生产技术条件下有效经营为基础制定的目标成本,根据预算期最可能达到的生产经营能力利用程度、正常的生产要素耗用水平、正常的生产要素价格,并考虑现实情况下难以避免的低效率、超耗费和正常损失确定。该目标成本一般是以过去较长时期实际成本的平均值为基数,剔除生产经营活动中的偶然性因素,并在考虑未来的变动趋势下进行测算,是在目前正常情况下经过努力可能达到的成本目标,既不是轻而易举,也不是高不可攀,不可逾越,在实际工作中得到广泛应用。

正常目标成本应具备科学性、先进性和现行可行性,可按以下步骤进行。

首先,初步拟订目标成本。通常可按两种方法确定:一是历史成本调整法;二是目标利润倒挤法。

其次,分解落实目标成本。企业在确定目标成本后,还应采用一定方法,将各项成本预算指标按一定的形式和要求分解,层层细化为各责任单位和个人的具体预算目标,并通过在对这些细化并明确落实到各责任单位和个人的指标的考评、控制和奖惩中来确保目标成本的实现。企业应结合产品生产、技术和经营管理的特点来科学地选择目标成本分解的具体方法，使分解后的具体目标既要便于责任划分，又要有利于落实、控制、分析和考评。同时应按“主要从细、次要从简、细而有用、简而有理”的原则把目标成本细化到最小单元，以便全面、具体地落实目标成本，更好地进行控制、分析和考核。

一般情况下，目标成本的分解可采用按成本控制对象分解、按成本控制主体分解、按预算期间分解三种方式。

（2）调整初拟的成本目标

预算管理委员会与各级预算单位召开预算讨论会，对初拟的成本目标进行协商调整。由于预算编制者不直接参与各个部门的生产经营活动，对各部门的实际情况和经营潜力的把握会有一定程度的偏差，为了使预算指标具备先进性和可行性，必须和各部门进行沟通和交流，尽量吸纳全体员工共同参与，以便取得第一手的材料，以防预算脱离实际，削弱甚至失去控制、激励的作用。

（3）编制相关预算

各预算单位以上级部门调整后下达的成本目标为起点，编制部门成本费用预算，并以成本费用预算为基础和核心，编制各项业务预算和其他预算，逐级汇总，经最高管理层审批后由预算管理委员会下达执行。

3.优缺点和适用范围

以目标利润为编制起点编制财务预算，使目标成本成为成本控制和预算考核的主要指标，促使企业各部门努力挖掘降低成本的空间，寻找降低成本的各种方法，不断降低成本，提高盈利水平；便于企业通过采取低成本扩张战略，迅速占领市场，扩大市场占有率，提高企业的市场竞争能力。但企业以目标成本为管理的重点和核心，容易造成企业为追求低成本而偷工减料，影响成本质量；走低成本扩张路线占领市场，也可能导致企业忽略新产品开发。

以目标利润为编制起点的财务预算在执行过程中，以成本控制作为预算管理的重心，通过实施严格的成本控制达到降低成本减少支出，提高企业效益的目的，比较适合于处于市场成熟期的企业，这一阶段的企业销售相对稳定,但市场扩张速度减慢,可采取低成本策略再次打开销路,占领市场;同时还可用于大型企业集团中的以责任成本为控制考核对象的成本中心。

第三节 现金预算与预计财务报表的编制

财务预算是专门反映企业未来一定预算期内预计财务状况和经营成果,以及现金收支指标的各种预算的总称。具体包括现金预算、预计利润表、预计资产负债表和预计现金流量表等内容。编制现金预算是企业财务管理的一项重要工作,同时也是财务预算相关理论的重要实践和应用,笔者在此就现金预算及预计财务报表的编制做如下分析。

一、现金预算的编制

(一)编制现金预算的依据

现金预算亦称现金收支预算,它是以日常业务预算和特种决策预算为基础所编制的反映现金收支情况的预算。这里的现金是指货币资金,广义的现金收支预算主要反映现金收支差额(又称现金余缺)和现金筹措使用情况,有时也要求反映期初、期末现金余额。该预算中,现金收入主要指经营业务活动的现金收入;现金支出除了涉及有关直接材料、直接人工、制造费用、经营费用及管理费用方面的经营性现金支出外,还包括用于缴纳税金、股利分配等支出,另外还包括购买设备等资本性支出。现金收支差额与期末余额均要通过协调资金筹措及运用来调整。应当在保证各项支出所需资金供应的前提下,注意保持期末现金余额在合理的上下限度内波动。因为现金储备过少会影响周转,现金余额过多又会造成浪费,所以现金余额不是越大越好,也不是越少越好。因此,企业不仅要定期筹措到抵补收支差额的现金,还必须保证有一定的现金储备。当收支差额为正值,在偿还了利息和借款本金之后仍超过现金余额上限时,就应拿出一部分钱用于有价证券投资;但一旦发现还本付息之后的收支差额低于现金余额下限,就应抛出一部分有价证券来补足现金余额;如果现金收支差额为负值,可采取暂缓还本付息、抛售有价证券或向银行借款等措施。

(二)现金预算编制的流程

为了能比较全面地介绍现金预算,先分别介绍各项业务预算,以及这些预算如何为编制现金预算准备数据。

1.销售预算

销售预算通常要分品种、月份、区域销售、推销员来编制。销售预算中,通常还包括预期的现金收入,其目的是为编制现金预算提供必要的资料。

2.生产预算

以销售预算为基础,进而编制生产预算。一般来说,年初存货是编制预算时预计的,年末存货根据长期销售趋势来确定。

3.直接材料预算

直接材料预算是以生产预算为基础编制的,编制时还须考虑原材料的存货水平、直接材料生产上的需要量同预计采购量之间的关系,在直接材料预算中,通常还包括材料方面预期的现金支出的计算,为现金预算的编制提供必要的资料。在材料方面预期的现金支出,包括上期采购材料将于本期支付的现金和本期采购材料应由本期支付的现金。

4.直接人工预算

直接人工预算也是以生产预算为基础编制的,以各期完成的产成品数乘以生产单位产品需用的工时,得到各期需用的直接人工总工时,再以各期需用的直接人工总工时乘以每小时的直接人工成本,就可以得到各期预计的直接人工成本。由于人工工资每期都需用现金支付,所以不需另外再计算各期的现金支出,各期人工总成本的金额可直接参加现金预算的汇总。

5.制造费用预算

生产成本中不属于直接材料和直接人工的部分,都计入制造费用。制造费用按其性态可以分为变动性制造费用和固定性制造费用两部分。变动性制造费用预算可以根据预计生产量和预计的变动性制造费用分配率来计算。

6.产品成本预算

产品成本预算是生产预算、直接材料预算,制造费用预算的汇总。其主要内容为产品的单位成本和总成本。产品单位成本的有关数据主要来自前述三个预算,生产量、存货量来自“生产预算”,销售量来自销售预算。生产成本、存货成本和销货成本等数字,根据单位成本和有关数据得出。

7.销售及管理费用预算

销售费用预算,是指为了实现销售预算所需支付的费用预算。管理费用预算,是指企业为了进行管理而发生必要的费用预算。在编制销售及管理费用预算时,要分析企业的业务成绩和一般经济状况,务必做到费用合理化。销售及管理费用预算一般以过去的实际开支为基础,按预算期的可预见的变化来调整。重要的是,必须充分考察每种费用是否必要,以便提高费用效率。

8.现金预算的其他组成部分

完整的现金预算,应包括四个组成部分:现金收入、现金支出、现金多余或不足、资金的筹集和运用。现金预算的编制,以各项营业预算与资本预算为基础。它反映各预算期的收入款项和支出款项,并作对比说明。其目的在于资金不足时筹措资金,资金多余时及时处理现金余额,并且提供现金收支的控制限额,发挥现金的管理作用。

二、预计财务报表的编制

(一)预计利润表

预计的利润表与实际的利润表内容、格式相同,只不过数字是面向预算期的。它是在汇总销售、成本、销售及管理费用、营业外收支、资本支出等预算的基础上加以编制的。通过编制预计的利润表,可以了解企业预期的盈利水平。

(二)预计资产负债表

预计的资产负债表与实际的资产负债表内容、格式相同,只不过数据是反映预算期末的财务状况。该表是利用本期期初资产负债表,根据销售、生产、资本等预算的有关数据加以调整编制的。编制预计资产负债表的目的,在于判断预算内所反映的财务状况的稳定性和流动性。如果通过预计资产负债表的分析,发现某些财务比率不好,必要时可以修改有关预算,以改善财务状况。财务预算是企业全面预算的重要组成部分,它和其他的预算是联系在一起的,是其他预算的综合,整个全面预算是一个数字相互衔接的整体。全面预算是企业实施管理控制支出的工具,它是使企业的资源获得最佳利用的一种方法。

第七章 绩效管理及评价

第一节 绩效管理概述

一、绩效管理的含义

(一)绩效管理的概念

现代管理学认为,管理活动是一个过程,由计划、组织、领导、协调、控制等基本内容构成。绩效管理(performance management)作为组织管理活动,是人力资源管理活动的重要组成部分之一。同时,它本身也是一个过程,是管理者与被管理者之间根据组织目标对被管理者的工作活动、工作技能和工作产出进行持续的沟通与评价,进而保证组织目标有效实现的过程。绩效管理中的"绩效"是全面的绩效,从层次构成上看包括员工绩效、团队绩效和组织绩效,从内容上看包括结果、行为和素质。绩效管理是现代人力资源管理的核心职能,正确认识和理解其含义是科学使用和实施的前提。对于绩效管理的含义可以从以下三个方面加以理解。

1.绩效管理是一个过程

绩效管理是一个包含若干环节的系统,通过该系统在整个工作过程中的运行实现管理目的。绩效管理不仅强调绩效结果,而且重视达成绩效目标的行为和过程。绩效管理不仅仅是最后的评价,还强调通过控制绩效周期中的整个过程来达到绩效管理的最终目的。因此,绩效管理不仅是目标管理,而且是过程管理。

2.绩效管理注重持续的沟通

绩效管理特别强调通过沟通辅导实现员工能力的提高,进而实现绩效管理的目的。绩效管理不是迫使员工工作的“大棒”,也不是引诱员工工作的“胡萝卜”,而是以人本思想为指导的组织与员工双赢的策略。各级管理者都要参与到绩效管理的过程中来,各种方式的沟通辅导贯穿于整个绩效管理系统之中,进而使管理者与员工相互理解,彼此促进。

3.绩效管理的最终目的在于绩效改进

绩效管理注重实现绩效改进,而不是绩效评价。在评价员工绩效的同时,绩效管理是防止员工绩效不佳和提高员工绩效水平的工具,所以它的各个环节都是围绕绩效改进这个目的进行的。具体的任务目标只是绩效管理的具体落实,其根本目的则是通过绩效的持续改进提高组织的核心竞争力。

(二)绩效管理与绩效评估的区别

1.绩效管理

绩效管理是一个完整的循环系统,包括绩效计划、绩效实施、绩效评估和评估结果应用等几个环节。将组织战略和员工绩效目标等基本内容确定后,管理者应与员工就绩效目标以及如何实现目标达成共识。同时,在员工进行工作的过程中以及绩效评估结果出来后,管理者通过与员工的沟通和协商,为其提供必要的支持、指导和帮助,最终实现组织和员工的双赢。

2.绩效评估

绩效评估是整个绩效管理流程中的一部分,是指管理者和员工运用科学的标准、方法和程序,对照在绩效计划阶段设定的目标,评估并总结员工实际的业绩。可以说,绩效评估是绩效管理中非常重要的一个环节。绩效评估可以为组织提供员工在绩效方面的信息,鼓励和促进员工之间的竞争,也有助于组织管理层发现组织和员工存在的问题,并提出具有针对性、建设性的改进措施,从而推动组织和员工的发展。

3.二者区别

从以上对绩效管理和绩效评估二者的界定,我们不难发现二者的区别。

第一,绩效管理关注过程,而绩效评估关注结果。绩效管理是一个复杂的系统,强调对员工绩效事先的预见和过程中的引领与指导。绩效管理的根本目的在于组织与个人绩效的提升。事实上,绩效评估只是绩效管理中的一个环节。绩效评估更关注最后的结果,并不重视对过程的控制,其着眼点是对员工过去绩效的总结。

第二,绩效管理是一个系统,而绩效评估是整体系统中的一部分。绩效管理是一个过程体系,大致可以分为绩效计划、绩效引领、绩效评估和评估结果应用四个阶段。绩效评估只是绩效管理若干环节中的一个阶段,虽然它在绩效管理中起着相当重要的作用,但绝不能是绩效管理的全部。

二、绩效管理的过程及影响因素

(一)绩效管理的过程

绩效管理的过程通常被看作是一个循环,而这个循环通常可分为四个环节,即绩效计划、绩效引领、绩效评估与绩效评估结果应用。研究者袁丽华将绩效管理重新总结为绩效计划、绩效辅导、绩效实施、绩效反馈与激励、绩效改进与提高五个过程,使之形成一个完整高效的绩效管理体系,且整个体系是不断循环的。

1.绩效计划

绩效计划制订是绩效管理的基础环节。可以说,不制订合理的绩效计划就谈不上绩效管理。从宏观角度来讲,组织的绩效计划是基于组织的战略目标来设计的,所以在制订计划时为了避免随意性必须根据组织的战略目标分析组织现有的状况,制订详细的工作说明和工作规范。同时,这个计划还要符合科学客观的原则,使得大多数的目标是可以量化的,不要出现过多的主观因素,从而保证衡量结果的准确和客观。从微观角度来说,组织的绩效计划需要管理者与员工共同讨论,就实现目标的时间、责任、方法和过程进行沟通,以确定员工以什么样的流程完成什么样的工作,以及达到什么样的绩效目的。好的绩效计划是好的绩效考核的起点,而且绩效计划也是一个动态、持续的过程,需要随时发现它的不合理之处,以便随时加以调整。

2.绩效辅导

绩效辅导沟通是绩效管理的重要环节,如果这个环节的工作不到位,绩效管理就不能落到实处。绩效辅导过程要求管理者与员工进行持续不断的沟通,在此过程中就绩效目标达成共识,并且辅助员工成功地完成绩效目标。在辅助的过程中,员工也能够提高自身的素质。当然,沟通是存在于整个绩效管理的过程之中的,而不单单只是在此环节,在这里提出是为了突出这个环节的重要性。总之,组织要让员工很清楚地了解绩效考核制度的内容、制定目标的方法、衡量标准、努力与奖酬的关系、工作业绩、工作中存在的问题及改进的方法等。当然,也要聆听员工对绩效管理的期望,这样绩效管理才能达到预期的目的。绩效辅导工作的作用在于它可以更好地衔接绩效计划和绩效实施,使绩效工作可以更好地开展。

3.绩效实施

绩效实施这个阶段主要是对员工的工作进行考核、测量和记录,并形成书面的文档,以方便开展绩效考核工作,并将其作为员工晋升、加薪等活动的依据。在实施过程中最重要的是如实地进行记录,而且要实事求是,避免主客观因素对绩效考核结果的影响。同时,绩效实施是整个绩效管理过程中最耗费时间的一环,影响着其他环节的正常运转。绩效计划能否顺利落实与顺利完成依赖于绩效实施的运行,绩效反馈与激励的基础就是绩效实施的情况。因此,绩效实施是绩效管理系统中一个非常重要的中间环节,关系着整个绩效管理的成败。

4.绩效反馈与激励

作为绩效考核的结果,它不仅能够衡量员工的工作效率,而且具有改进员工行为的作用,而这也是绩效考核的最终目的。因此,在绩效结果出来以后,通过绩效反馈与激励,部门主管可以使下属了解他们自身的绩效情况,认识到自己有哪些方面需要改进和提高,同时下属也可以提出自己在完成任务中遇到的困难,这样也可以方便员工更加明确绩效考核的目的,从而提高绩效水平和员工对于绩效结果的满意度。绩效管理强调的是面对面,而不是背靠背。因此,它既有利于个人的成长,又有利于组织的发展。综上,我们不难看出绩效反馈与激励包含两个内容,即对绩效实施结果的分析和对绩效结果的应用。

5.绩效改进与提高

绩效结果对于员工来说只是衡量其工作的标准,但对于人力资源部门来说,它还可以指导下一期的绩效考核。因此,要根据组织内部的现状以及外部的市场环境进行调整。当然,这些调整还要根据上期绩效考核的结果进行,针对绩效考核中存在的问题,依据具体情况,采取措施进行修正,重新设定绩效指标,做好下一个绩效周期的准备工作。

组织的绩效管理是一个系统的过程,五个环节中任何一个环节的缺失,都可能影响组织整体绩效的提高。

(二)绩效管理的影响因素

绩效管理要达到组织的预期目的,实现组织的最终目标,往往受到多种因素的影响。因此,管理者只有充分认识到各种影响因素给组织绩效所带来的影响及程度,才能够做好绩效管理工作。一般来讲,影响组织绩效管理有效性的因素有以下几个方面。

1.管理者的理念

管理者对绩效管理的认识是影响绩效管理效果的重要因素。如果管理者能够深刻理解绩效管理的最终目的,更具前瞻性地看待问题,并在绩效管理的过程中有效地运用最新的绩效管理理念,便可很好地推动绩效管理的有效实施。

2.高层领导支持的程度

绩效管理作为人力资源管理的重要组成部分,是实现组织整体战略管理的一个重要手段。要想有效地进行绩效管理,必须得到高层领导的支持,因为高层领导对待绩效管理的态度决定了绩效管理的效果。

3.人力资源管理部门的尽职程度

人力资源部门在绩效管理的过程中主要扮演组织协调者和推动者的角色。绩效管理是人力资源管理工作中的重要组成部分,如果人力资源管理部门能够对绩效管理加大投入力度,加强对绩效管理的宣传,组织必要的绩效管理培训,完善绩效管理的流程,就可为绩效管理的有效实施提供有力保证。

4.员工对绩效管理的态度

员工对绩效管理的态度直接影响着绩效管理的实施效果。如果员工认识到绩效管理的最终目的是实现员工能力的提高而不是单纯地接受惩处,绩效管理就能很好地发挥作用。

5.绩效管理与组织战略的相关性

个人绩效、部门绩效应当与组织的战略目标一致。只有个人绩效和部门绩效都得到了实现,组织战略才能够得到有效的执行。因此,它要求组织管理者在制订各个部门的目标时,不仅要考虑部门的利益,也要考虑组织的整体利益,只有个人、部门和组织整体的目标一致了,才能确保组织的绩效管理卓有成效。

6.绩效目标的设定

一个好的绩效目标就是要满足具体、可衡量、可实现及与工作相关等要求。只有这样,组织目标和部门目标才能得到有效的执行,绩效考核的结果才能够公正、客观而且具有说服力。

7.绩效指标的设置

每个绩效指标对于组织和员工而言,都是战略和文化的引导,是工作的方向。因此,清晰明确、重点突出的指标非常重要。好的绩效指标可以确保绩效考核重点突出,与组织的战略目标匹配,便于实施绩效管理。

8.绩效管理系统的时效性

绩效管理系统不是一成不变的,需要根据组织内部、外部的变化进行适当调整。当组织的战略目标、经营计划发生改变时,组织的绩效管理系统也要发生动态的变化,从而保证其不会偏离组织战略的发展方向。

三、绩效管理的作用

绩效管理的目的是进行绩效改进。作为组织管理的工具之一,绩效管理的重要作用主要表现在以下几个方面。

第一,绩效管理有助于组织达成战略目标。通过绩效目标的设置,在整体组织战略目标的基础上建立清晰合理的组织经营管理目标,并通过层层分解,形成员工自己的工作目标。这是一个自上而下、由宏观到具体的过程，有利于组织目标和员工目标的一致性。通过这一过程，各级部门和人员都朝着既定的组织目标而努力，有利于组织整体战略目标的最终实现。

第二，绩效管理有助于提升员工的工作意愿和动机。根据期望理论和马斯洛的需求层次理论，组织应通过有效的方式和手段来激发员工的工作动机，而这些动机则可能来自被尊重、被认可或员工自我价值的实现感等。针对员工的不同需求，应通过有效的激励方式，帮助员工树立责任感和使命感，挖掘员工的潜力，使员工的能力得到大幅度提高。

第三，绩效管理有助于组织文化建设和组织内部沟通。绩效管理应非常重视员工的参与和互动。员工参与绩效管理体现了组织对员工的尊重，能够增进团队的凝聚力，营造一种良性的组织文化氛围。

第四，绩效管理有助于提高员工绩效和组织绩效。一方面，有效的绩效管理能够通过培训、指导、绩效反馈等方式帮助员工找出工作中的问题，使其在工作中不断进步和提高；另一方面，有效的绩效管理能够通过对员工的绩效评价和反馈，及时发现组织在运营和管理过程中存在的问题，并向管理层提出相应的解决方案，帮助组织健康有序地运转和发展。

第二节　绩效评价及指标设计

一、绩效评价

（一）绩效评价的内涵

绩效评价（performance appraisal，PA）是指通过比较绩效标准，采用科学的绩效评价方法考核组织及个人的绩效目标完成情况、个人的工作职责履行程度以及个人的发展情况，将评估结果反馈给员工，并提出相应绩效改进建议的过程。不论是评价组织绩效还是个人绩效，都要以绩效计划阶段设定的相关目标为依据。实施有效的绩效评价是组织管理过程中必不可少的工作，有着非常重要的意义。

第一,有利于实现组织战略。绩效评价的内容具有行为导向作用,能够使员工为实现组织战略而努力工作。组织想要实现既定战略,必须明确与战略相关的目标是什么,明确通过员工什么样的行为能够达成战略目标,然后将这些内容转化为绩效评价的内容传递给组织内的所有成员。换句话说,评价内容直接由组织战略决定,实施绩效评价时使用哪些指标、如何定义这些指标等,都是在向组织成员传达组织重视员工什么方面的表现、要求员工具备哪些能力等信息。绩效评价的这种导向作用能够让组织成员的工作行为服务于组织战略,从而有利于组织战略的实现。

第二,有利于促进绩效水平提升。管理者通过对组织绩效、部门绩效和个人绩效的评价,能够及时发现存在的绩效问题,并通过及时的沟通和反馈,分析个人层面、部门层面和组织层面存在的导致绩效不佳的原因,制订并切实执行绩效改进计划,从而提高各层面的绩效水平。

第三,为各项人力资源管理决策提供依据。绩效评价的结果是组织制订薪酬标准、晋升决策、培训与开发决策的依据,所以只有将绩效评价的结果与人力资源管理的相关决策紧密联系起来,才能对所有成员起到激励和引导的作用,同时增强各项人力资源管理决策的可接受程度。

(二)绩效评价主体的选择

从理论上讲,如果一个员工的工作质量会影响别人的工作或利益,那么后者就应该作为该员工的绩效评价主体。

1.直接上级

员工的上级,尤其是直接上级,最了解组织对员工的工作期望和评价标准。员工的工作目标主要是在与直接上级沟通之后设定的,员工向直接上级汇报工作,而且员工的工作绩效也直接影响上级的工作绩效,所以员工的直接上级在评价员工绩效时最有发言权。事实上,大多数组织的绩效评价都以直接上级为主要评价者。但是,直接上级与被评价者的接触多,感情因素可能会影响评价的客观性。因此,有时需上级主管部监督把关,以减少偏差。

调查显示,90%以上的组织绩效评价是由员工的直接上级进行的,而

70%以上的此类组织中,绩效评价的结果要接受上级审查。

2.同级同事

同级员工之间的相互评价能有效地反映员工的人际关系和他在团队合作方面的表现。调查显示,同事的评价可以较有效地预测出一个员工将来能否在管理方面获得成功。不过,在同事的相互评价中可能存在某些问题,如同事之间相互给予对方较高的评价。另外,在涉及提拔、加薪等方面的利益时,因为相互竞争等因素,所以同事互评的意见可能有失公正。

3.直接下级

对于管理者的工作作风和领导能力,下属应该有一定的发言权。来自下级的评价能反映管理者的管理风格,也能帮助组织的高层管理者及时发现潜在的问题。因此,对下属的意见要认真分析,尤其要强调事实依据。

4.员工本人

自我评价可以提供有效的信息,原因在于:第一,员工了解自己在工作中哪些做得好,哪些是他们需要改进的,所以他们会客观地对自己的工作业绩进行评价,并采取必要的改进措施。第二,如果直接上级的评价和员工的自我评价在某些方面趋于一致,两种形式的评价得出的数据就具有集中性。第三,自我评估会使员工在自我工作技能开发等方面变得更加积极和主动。研究表明,员工对自己的工作绩效所做出的评价,一般总是比他的上级或同事给予的评价等级要高。事实上,应将员工的自我评价和直接上级的评价结合起来,通常是先由被评价者对自己的工作进行评估,然后由直接上级评估,最后结果由被评价者和直接上级进行沟通。

5.外部人员

组织中从事采购、销售、客户服务等方面工作的人,需要经常与组织外部人员打交道。对这些员工进行绩效评价时,应该参考外部相关人员尤其是顾客的意见。外部人员的评价可以比较客观地反映员工在职业道德、工作作风、服务意识等方面的表现。不过,从外部收集评价信息比较费时费力。

因为上述各个评价主体看问题的角度和关注的重点都有所不同,所以组织往往会综合运用多个评价主体的评价结果,以此来确保评价的全面性和客观性。

(三)绩效评价的周期

绩效评价的周期也称绩效周期或评价周期,它表示员工应该用多长时间来达成绩效目标。另外,评价周期的选择也能影响员工的行为,因为员工往往会根据评价周期的长短来做出取舍。评价间隔时间短,则评价会过于频繁,会让管理者和员工不胜其烦,管理成本也很高;评价间隔时间长,则不能及时地评估和反馈员工的绩效情况。

评价周期的长短应根据员工的工作性质和任务特征来确定。一般来说,操作性员工的绩效在短期内就可以显现,因而评价周期较短,如一个月或一个季度评价一次;而管理者和专业技术人员的工作在短期内不易见成效,因而评价周期较长,常常一年或半年进行一次评价。如果对管理者的考核过于频繁,那不但没有多少实际意义,反而还容易诱发短期化行为。此外,对于那些从事项目工作的员工,评价周期可以与项目周期及进度安排协调一致。

(四)绩效评价方法的定义

绩效评价方法是由绩效评价目的决定的,直接影响评价计划的成效和评价结果的正确与否。评价方法必须具有信度和效度,并能为人所接受。信度,是指评价结果必须相当可靠;效度,是指评价达成所期望目标的程度。同时,好的评价方法还应具有普遍性,使评价者能客观地做出评价。

二、绩效考核指标设计

(一)绩效考核指标的概念及分类

1.绩效考核指标的概念

绩效考核指标又称绩效考核因素或绩效考核项目,是指在绩效考核过程中把被考核对象的各个方面或各个要素具体为可以测定的考核因素。绩效考核指标是对被考核对象绩效的表征形式,所以只有设定了考核指标,绩效考核工作才具有可操作性。

绩效考核指标一般包括四个构成要素:①指标名称。指标名称是对考核指标的内容做出的总体概括。②指标定义。指标定义可用于揭示考核指标的关键特征。③标志。考核结果通常表现为将某种行为、结果或特征划归到某个级别中。④标度。标度是用于揭示各级别之间差异的规定。

2.绩效考核指标的分类

绩效考核指标有很多种,对绩效考核指标进行分类,便于人们有效地把握各种绩效考核指标的本质特征,有利于指导人们有效地制订绩效考核指标。

(1)根据绩效考核内容进行分类

根据前面的内容我们了解了绩效的定义,知道了绩效包括工作业绩、工作能力与工作态度。因此,绩效考核的内容应该涉及工作业绩考核、工作能力考核和工作态度考核三个方面。我们按照绩效考核的内容,将绩效考核指标分为工作业绩指标、工作能力指标和工作态度指标。

第一,工作业绩指标。工作业绩是工作行为所产生的结果。一般情况下,工作业绩是员工对组织做出的贡献的主要表现形式。因此,组织应重点考核员工的工作业绩。工作业绩指标可以表现为某职位的关键工作职责或一个阶段性的项目,也可以是年度的综合业绩。工作业绩指标可具体表现为所完成职位工作的数量指标、质量指标、工作效率指标以及成本费用指标。

第二,工作能力指标。组织中的不同职位对于员工工作能力的要求是不同的,而工作能力指标是根据被考核职位对任职者所必须具备能力的要求而制订的。受环境因素、工作难易程度等因素的影响,员工的工作业绩往往不能如实反映员工对于组织的实际贡献。

多数情况下,员工工作业绩具有多因性、滞后性、难以测量性等特点。一方面,员工所表现出的工作业绩可能只是其为组织做出的实际贡献的一部分,甚至是其中很少一部分,所以仅仅考核工作业绩远远不足以反映员工对于组织的贡献;另一方面,某员工的工作业绩可能是组织其他成员甚至是整个团队共同努力的结果,或者与以前任职者的行为结果密切相关。

第三,工作态度指标。在工作中我们常常可以看到这样一种情况,一个能力很强的员工由于出工不出力而业绩平平,另一个能力一般的员工却由于兢兢业业而做出了引人瞩目的好业绩。两种不同的工作态度产生了两种截然不同的工作结果。

实际上,工作态度不仅对工作业绩有较大的影响,还会影响组织其他成员工作能力的发挥与工作业绩的实现,也会通过影响组织的效率、风气而最终影响组织的整体绩效。为了对员工的行为进行引导,从而达到绩效管理的目的,在绩效考核中必须包括对工作态度进行考核的指标。

(2)根据指标量化程度进行分类

第一,硬指标。硬指标是指那些可以以统计数据为基础,把统计数据作为主要考核信息,以数学手段求得考核结果,并以数量表示考核结果的考核指标。

使用硬指标进行绩效考核能够摆脱个人经验和主观意识的影响,具有较高的客观性和可靠性。但是,当考核指标所依据的数据不够可靠,或者当考核的指标难以量化时,如果还要追求以硬指标的方式进行,那么,考核结果就难以客观和准确了。另外,硬指标考核的过程往往较为死板,在考核的过程中缺少人的主观性对考核过程的影响,所以也有缺乏灵活性的弊端。

第二,软指标。软指标指的是需要通过人的主观判断而得出考核结果的考核指标。在行为科学中,人们用专家考核来取代这种主观考核过程,由考核专家直接给被考核对象的绩效状况进行打分或做出模糊评判,最后得出诸如“很好”“好”“一般”“不太好”或“不好”的判断。

把软指标考核看作专家考核,是因为这种主观考核在客观上要求考核者必须对被考核对象所从事的工作相当内行,能够通过不完整的数据资料看到事物的本质,并得出正确的考核结果。

运用软指标的优点有以下几点。

首先,这类指标不受统计数据的限制,可以充分发挥人的智慧。在这个主观考核的过程中,考核者往往能够综合更多的因素,把问题考虑得更加全面,减少或避免统计数据可能产生的片面性或局限性。

其次,当数据不充分、不可靠或考核指标难以量化的时候,考核者可以通过软指标考核做出更有效的判断。

综上可知,软指标考核能够更广泛地运用于考核各种类型员工的绩效。随着科学的发展和模糊数学的应用,软指标考核技术获得了迅猛的发展。通过软指标考核并对考核结果进行科学的统计分析,我们能够将软指标考核结果与硬指标考核结果共同运用于实际工作中,从而提高绩效考核结果的科学性和实用性。

应用软指标的局限性有:很大程度上依赖于考核者的知识和经验,容易受各种主观因素的影响。所以,软指标考核通常由多个考核主体共同进行,有时甚至由一个特定的群体共同做出考核结论,彼此相互补充,从而产生一个比较合理的结论。

第三,软指标与硬指标结合。在实际考核工作中,往往不会单纯使用硬指标或软指标进行考核,而是将两种方法加以综合应用,以弥补各自的不足。在数据比较充分的情况下,以硬指标考核为主,辅以软指标考核;在数据比较缺乏的情况下,以软指标考核为主,辅以硬指标考核。

在绩效考核中,组织对于硬指标的考核往往也需要一个定性分析的过程,对于软指标考核的结果也可以利用模糊数学进行量化的换算。

综上可知,在建立指标体系的时候,应尽量将指标进行量化,收集相关的统计资料,进而提高考核结果的准确性。

(3)根据模块化的指标构建思路进行分类

人们在构建绩效考核指标时往往沿用一种思路:首先,会从“特质”“行为”“结果”三个模块着手,并进行绩效考核指标体系的框架设计;其次,确定各模块的具体指标。因此,特质指标、行为指标与结果指标是一种较为常见的绩效考核指标分类方式。

(4)根据指标的过程与结果进行分类

第一,过程性指标。过程性指标具有导向性。过程性指标不是只关注过程而不关注结果的评价,更不是单纯地观察组织的经济效益。相反,组织在绩效考核的过程中得出的一些结论是绩效考核指标的过程性结果。例如,及时地对组织考核过程中的不足进行判断并找出问题是过程性指标的重要内容。

第二,结果性指标。结果性指标的"结果"是组织在绩效考核的过程中所得出的问题或得出的结论。设置结果性指标是为了解决绩效考核过程中带来的一系列问题,从而提高绩效考核的科学性和真实性。结果性指标一般是与组织的目标、部门的目标以及员工个人的目标相对应的。可以说,结果性指标的好坏会影响组织的长期战略发展。因此,合理地进行指标考核能促进组织考核指标的完善,为企业的战略发展提供保障。

(二)绩效考核指标设计

绩效考核是指采用一些具体的衡量准则与评价指标,运用合理的方式对参与组织管理的职员就其工作实际表现与能力素质达到的结果做出科学的评判。

1.完成绩效目标的规划

绩效考核作为组织内部的某种进程管理模式,不能仅局限在对工作结果做出评价,还应将组织的各阶段目标拆分为年、季、月等周期类指标大项,并从部门或岗位人员职责及目标要求等方面对指标大项进行进一步的指标细项拆分,从而持续监督各部门职员完成组织、部门以及细化至员工个体的任务。

2.找出绩效考核指标的症结

绩效考核指标属于持续优化考核内容,是不断修改遇到的各类考核指标问题的循环优化的过程,包含在绩效管理组织事务的范畴之内,不可脱离绩效考核指标前景计划设置、考核指标结果完成的落实情况与效果、上下级之间的沟通交流、考核指标各方面问题的有效改善等过程。

3.合理分配经济利益

在组织中不存在与经济利益分配无关的考核,多数岗位员工的工资包含了岗位职务及绩效工资。因此,绩效工资的合理落实和员工的具体绩效评价结果有着直接联系。

4.推动组织与员工个人的成长

组织的绩效考评的主要目的在于推动组织与员工个体的互利共赢。因此,应运用绩效考核去寻找个体在工作中的不足之处,并及时进行提升。当然,绩效评价最终将落实在员工的酬劳上,酬劳高低的依据在于之前的绩效评价项目结果是否让人满意。绩效工资部分的优势在于对员工进行合理的激励,只有指标设计合理、标准、规范,才可科学地进行评价,不然绩效与酬劳便无法真正形成合适的匹配关系。

5.提升组织运营

从组织的宏观与细化角度分析来看,绩效管理是改善组织运营能力的基础。因此,应运用全局化的绩效管理模式去发现组织本身的运营情况,快速发现组织战略规划实现进程中显现的各种问题,并及时运用相应的措施去解决问题,从而确保组织整体发展规划的有效完成。

6.下阶段绩效考核指标的预备

所有组织绩效管理规章制度的要点均离不开持续优化,这是一种不断改善组织绩效能力的制度保障。绩效考核体系要在一个组织中得以长期地使用,在实施过程中必然会不断地增添新的内容去完善绩效考核指标。这一切往往需要花费一至三年方可使绩效考核体系变得成熟。同时,通过一定时间的工作考验与经验积累,组织的绩效管理团队对绩效考核体系的把控也将更加合理。

7.职员能力的增强

通过绩效管理信息化平台制作各类员工的绩效档案,之后根据员工的绩效结果制订员工培训计划,并对各岗位员工培训后的工作进行跟踪指导,从而提升各部门岗位员工的工作能力。最后,将考核结果作为员工薪酬变动的依据。

（三）绩效考核指标设计的原则

在设计绩效考核制度时，必须遵循一些基本原则。事实上，这些原则是良好的、行之有效的绩效管理考核体系应满足的基本条件。

1.公开与开放原则

首先，开放式的人员考核制度应坚持公开与开放原则，并取得组织上下的一致认同。其次，考核标准必须是十分明确的，上下级之间可以通过直接对话、面对面沟通等方式来进行考核工作。在贯彻公开、开放原则时应注意做到以下几点。

第一，通过工作分析和岗位评价，确定组织对其成员的期望和要求，制订出客观的人员考核标准。通过制订职能资格标准及考核标准，将组织对其成员的期望和要求公开地表示和规定下来。

第二，将人员考核活动公开化，提高透明度，并进行上下级的直接对话。

第三，引入自我评价和自我申报机制，对公开的绝对评价做出补充。

第四，根据组织目标的不同，分段引入人力资源考核标准和规则，使员工有一个逐步认识、理解的过程。

2.反馈完善原则

及时反馈人员考核结果既能发现考核工作中的不足，又能总结各方面成功的经验，从而完善组织的各项管理活动。在现代人力资源管理系统中，缺少反馈的人员考核就没有太大意义。因此，要想顺应人力资源管理系统变革的要求，就必须完善反馈系统。

3.定期化与制度化原则

绩效考核是一种连续性的管理过程，因而必须定期化、制度化。绩效考核是对员工工作绩效的评价，也是对他们未来行为表现的一种预测。实际上，只有定期化、制度化地进行绩效考核，才能真正了解员工的潜能，才能发现组织中存在的问题，从而有利于组织的有效管理。

4.可靠性与正确性原则

可靠性是指某项测量的一致性和稳定性。考核的可靠性是指绩效考核方法可以保证工作绩效信息的稳定性和一致性，强调的是不同管理者之间对同一个人或同一组人评价的结果应该大体一致。

正确性是指某项测量有效地反映其测量内容的程度。绩效考核的正确性是指考核方法的准确程度,强调的是内容的正确性,即考核事项能真实反映特定工作内容(行为、结果和责任)的程度。

可靠性与正确性是保证绩效考核有效性的重要条件,所以一个绩效考核体系要想获得成功,就必须具备良好的可靠性和正确性。

5.目的性原则

考核是手段,必须和相关的人力资源活动结合起来:考核要与招聘、选用、晋升相结合;考核应与培训、进修相结合;考核应与工资调整相结合,应与奖惩相结合。

6.全面与重点相统一原则

考核应辩证全面。对考核中发现的问题,切忌抓其一点,要辩证地、公开地对待每一位被考核的员工,要多层次、全方位地分析问题。

7.可行性原则

所谓可行性是指任何一次考核方案所需的时间、人力、物力、财力要为使用者的客观条件所允许。因此,它要求在制订考核方案时应根据考核目标合理设计,并对考核方案进行可行性分析。

8.目标承诺原则

目标承诺是指个体要达到目标的决心。研究发现,无论是由上级指定合理的目标(“合理”是指目标具有吸引力和有可能达到),还是由下级参与设置目标,这两者都比只是简单地设置目标而不考虑目标合理性和可实现性更有效。从这一点上看,目标承诺与SMART原则中的可实现性和相关性这两个原则有一定联系。如果目标设置合理,既不低于也不高于员工的能力,那么员工经过一定的努力就能够实现目标,再加上员工认识到目标很重要,员工对目标的认识就会更清晰,进而能进一步激发员工的潜力。

9.满意感和自我效能感原则

满意感的影响因素之一是目标难度。任务越简单就越容易取得成功,也就越容易获得满意感;越困难的目标成功的可能性越小,也就越难获得满意感。但是，一旦困难的目标实现了，则会体验到比容易目标更大的满意感，于是就需要平衡目标难度和满意感之间的矛盾。事实上，自我效能感也在很大程度上受目标难度的影响。当目标太难时，员工很难达到目标，这时就需要再次运用SMART原则中的可实现性原则，设置的目标要让员工经过一定的努力能够达到，既不易如反掌，也不难如登天。另外，还要通过控制目标完成的期限来调控目标的难度。

10.指标设计内容规范性原则

为了保证绩效考核过程的可操作性及考核结果的客观公正性，绩效考核指标应满足如下的规范性要求。

(1)词意清晰

不论是考核指标的名称还是定义，在用词上都要清楚、明确，使任何人都能理解它的意思，不能给人以模棱两可的感觉。

(2)内涵明确

每个绩效考核指标都应有明确的含义，使得不同的考核者对考核指标内容都有相同的认识。

(3)独立性

尽管每个绩效考核指标有一定的相互作用或相互影响，但一定要有独立的内容，有独立的含义和界定。

(4)针对性

考核指标是针对工作内容而言的，必须与工作内容、工作目标相关。只有这样才能真正起到目标引导作用，避免工作重点偏离方向。

(5)可操作性

各项指标都要有较强的可操作性，也就是说易于衡量。因此，具体设计时可以通过应用具体的数据来达到可操作性的要求。

(6)其他

考核指标还应该具有现实性、关键性、可控性等其他要求。

(四)绩效考核指标设计的思路与方法

1.绩效考核指标设计的思路

绩效考核的实质是对职位目标能否有效达成的考核。组织的战略目标可以分解成各部门目标和各职位目标,而且组织可以通过对职位目标的分解来确定绩效考核指标。职位目标的分解要通过具体的职位分析来实现,职位分析的直接结果就是职位说明书。职位说明书提供了职位的职责(具体需要做什么)和职责细分(具体需要怎么做),这是绩效考核指标的构建基础。因此,应运用科学的方法确定绩效考核指标的权重,对指标的一致性进行检验,最后量化绩效考核指标。

组织的绩效考核指标需根据绩效目标及关键业绩行为来设立,应自上而下地进行分解、细化、量化,同时需共同协商,使员工参与进来,达成目标承诺。

2.绩效考核指标设计的方法

(1)确定关键业绩行为

一般情况下,关键业绩行为可从质量、时间、成本三大方面去把握。具体如下:①工作职责描述,即那些体现岗位核心价值的、对结果起关键作用且难度较大的职责。②工作流程中相应的流程控制点。③工作计划与工作目标。④客户需求、供应商需求等。

确定关键业绩行为的方法包括鱼骨图分析法、目标管理法、流程图法、格里波特的四分法、平衡计分卡法、柏拉图法等。组织可根据实际情况选择合理有效的方法或组合方法来确定关键业绩行为。

(2)设定考核指标

找到关键业绩行为并分解分析后,组织可以开始建立相应的考核指标。组织对关键行为进行分解并落实到具体的岗位,然后进行指标定义。设定考核指标时需同时注意以下问题:①被考核者应全面参与指标设定过程,加深对指标的理解并承诺绩效目标的完成。②关键考核指标要少而精。一般情况下,对部门考核的关键指标不应超过12个,对岗位考核的关键指标不应超过8个。③结果考核指标应和过程考核指标相结合。④灵活运用否决指标、奖励指标、奖惩指标。组织可引入不占权重的否决指标、奖励指标和奖惩指标,实现有效激励。

(3)设计考核指标权重

设计不同考核指标的权重是组织绩效考核工作的重要环节之一。权重突出了绩效目标的重点项目,对不同指标的选择及权重的配置体现了不同的战略导向。

考核指标权重的设计过程同样需要考核者与被考核者进行双向沟通。确定考核指标权重需遵循以下四项原则:①以战略目标和经营重点为导向原则。设定考核指标权重时需突出战略导向,对战略目标和与经营重点相关的考核指标应给予更多的权重,不能根据实际占用时间来确定权重。②差异性原则。一般情况下,各指标间的权重应有所差别。③体现业务重点原则。突出业务重心导向和关键业绩行为导向,充分考虑考核目标达成的难易程度。④合理增加不占权重指标的原则。合理增加不占权重的否决指标、奖励指标和奖惩指标考核项目,加强绩效考核战略导向作用,从而约束、激励员工。

(4)确定考核评分标准

指标考核评分标准需明确组织对员工的要求,并遵循公开、公正、公平的原则。评分标准设定工作主要包括指标考核目标值、指标考核不同结果得分标准两方面内容。具体示例如表7-1所示。

表7-1 考核评分标准

指标考核目标值设定	指标考核不同结果得分标准设定方法
1.确定该指标项得分达到满分。 2.目标值明确,具有灵活性。 3.考虑外部环境变化以及内部资源限制条件下绩效目标的调整。 4.制定的目标要有挑战性,也要有实现的可能性。	1.间歇增减法。 2.经验增减法。 3.行为锚定法。 4.分段赋值法。 5.正反比例法。 6.扣分法

注:指标量化考核标准=指标考核目标值+指标考核不同结果得分标准。

(5)明确指标数据来源

组织在建立考核指标、设计指标权重、确定评分标准的同时,需明确考核指标数据的来源,增强考核工作的客观性和科学性。

对指标考核数据的来源问题需要注意以下四点:①尽量避免指标考核数据来源于被考核者所在岗位或部门。②各个相关的指标数据都应有具体的来源。③有的数据应来源于多个岗位或部门。④部门之间可以相互提供指标考核数据。

(6)设定指标考核周期

组织在设定指标考核周期时,需考虑以下因素:①不同层级的员工,指标考核的周期是不同的。一般来说,越是基层的员工,指标考核的周期相对来说就越短,而中高层员工指标考核的周期相对比较长。②从指标分解层次来看,综合的、反映结果性的指标考核周期较长,下层的指标考核周期相对比较短。③长周期的考核指标短周期测量,一般准确率会低些,而短周期指标长周期测量,一般准确度会高一些,因为长周期测量积累了平时的观察与记录。

另外,组织需充分考虑项目考核指标周期与考核周期的关系,从而制订合理的考核方案。具体措施如下:①延长考核周期。②每个项目开始时制定目标,项目结束时进行考核。

组织在形成初步的量化考核体系后,需对拟订的指标进行测试,修改或废除不合理的指标。

(五)设定绩效考核指标权重的方法

指标权重设定的常见的四种方法有直接判断法、重要性排序法、三维确定法和权值因子分析法。

1.直接判断法

直接判断法是指由指标设定者根据自己的经验和对各项指标重要程度的认识,对各项考核指标的权重进行直接分配。

这种方法有效的前提是指标设定者对考核对象的工作职责十分了解,如员工的直属上级等。

这种方法的优点是:①简单易行,容易操作;②适合规模比较小且绩效指标比较简单的组织考核;③节省时间,决策效率高。

这种方法的主要缺点是:①基于个人的经验判断,主观性强;②由于个人色彩比较强,因而容易招致员工的不满和质疑。

2.重要性排序法

顾名思义,重要性排序法就是将考核指标按照重要性依次排序,并赋予分值,最终根据每个考核指标的重要性程度得分在绩效指标体系整体重要程度得分之和中所占的比例来确定每个考核指标的权重。

这种方法同样是基于个人的经验判断,但对于直接判断法而言,它有以下优点:①允许多个指标设定者各自作出判断,在一定程度上消除了单纯个人的主观性;②将每个指标设定者对指标重要性的判断结果以定量的方式进行综合处理,更加科学;③简单易行,省时省力。

但是,这种方法的缺点在于打分过程仍然在较大程度上受主观臆断的影响。因此,其结果的客观性、准确性仍然存在欠缺。

3.三维确定法

三维确定法是一种定性与定量相结合的权重确定方法,也是组织在确定每一个指标权重时最常用的一种方法。决定一个指标权重的主要因素有三个,即在目前资源配置和条件下该指标可实现的程度、该指标的重要程度和该指标的紧急程度。只有将三者综合起来考虑才能得出合理的权重系数。

三维确定法的主要操作步骤为:第一步,将一组指标从重要程度、紧急程度、可实现程度等方面采用“五点打分法”分别打分;第二步,将每个指标的重要程度得分、紧急程度得分和可实现程度得分相乘,得出该指标的综合分数;第三步,将每个指标的综合分数相加,然后确定每个指标的综合分数在总综合分数中所占的比例;第四步,最终得出每个指标的权重值。

4.权值因子分析法

权值因子分析法相对于前三种方法而言是最科学但也是最复杂的方法,因而这种方法一般需要专业人员的参与。具体步骤如下:第一步,组成评价小组,包括人力资源专家、评估专家和其他相关人员。在这一过程中,应根据对象和目的的不同,确定不同的专家构成。第二步,经专家讨论选取恰当的权值因子,制订权值因子判断表和权值因子计算统计表。第三步,由专家填写权值因子判断表,将行因子和列因子进行比较。第四步,填写权值因子计算统计表。第五步,将统计结果折算为指标权重。

第三节　绩效结果的应用

一、绩效结果的应用概述

(一)绩效评价结果应用的原则

1.以人为本,促进员工的职业发展

绩效评价的根本目的在于调动员工的工作积极性,进而实现组织目标。为此,评价者必须向员工反馈评价结果,提供他们已达到或未达到预定目标的反馈信息。反馈的立足点和方式要坚持以人为本,以诚恳的能让员工接受的方式让员工了解自己的成绩与不足,让员工更加清楚自己的努力方向和改进工作的具体做法,从而促进员工的职业发展。

2.将员工个体和组织紧密联系起来,促进员工与组织共同成长和发展

组织在评价员工工作绩效时要注意评价员工所在部门的绩效,增强全局观念和集体观念,使员工意识到个体的高绩效与组织的高绩效紧密相关,意识到个人成长应与组织成长联系在一起,个人的目标也应与组织的目标紧密联系在一起。

3.统筹兼顾,综合运用,为人事决策提供科学依据

员工的绩效评价结果可以为组织对员工的合理使用、薪酬发放、职务晋升和奖励惩罚等提供客观依据,从而规范和强化员工的职责和行为,促进组织的人事工作,并不断强化员工的选聘、培训等政策导向,建立完善的竞争、激励及淘汰机制。

(二)绩效考核结果在应用过程中出现的问题

1.绩效评价结果反馈不及时或没有反馈

在员工绩效评价实践中,管理者往往不愿意与员工讨论其绩效的不足之处。虽然每个员工的工作都有需要改进之处,但许多管理人员还是不愿意向员工提出消极的反馈意见,担心员工的缺点被指出后员工会进行自我辩护。事实上,确实存在一些员工不虚心接受反馈意见,反而指

责管理者的评价结果有问题或者责备别人的情况。因此,管理者应利用多种方法使员工接受反馈意见。

2.绩效评价与员工的切身利益结合不紧密

绩效评价结果的应用常表现为奖惩。目前,一些组织的年度考核只是例行公事,绩效评价工作结束,任务就算完成,而且评价结果的使用仅限于年终奖金的发放及职称的评定,并未与晋升等员工的切身利益联系起来,使绩效评价工作失去了其应有的意义和价值。为提高绩效评价的激励效果,组织的绩效评价应加大应用范围和力度,从而最大限度地实现对员工的激励作用。

3.员工绩效评价与员工培训及个人发展没有很好地结合起来

组织应根据绩效评价结果,以满足员工的需求为宗旨,以高效、实用为目标,有目的、有计划地进行组织内部培训活动。总之,根据员工绩效评价结果对员工进行有针对性的培训,不仅会得到员工的认可,也会为组织的建设发展培养更多高素质员工。

4.绩效考核结果应用方式单一,缺乏绩效管理的有效手段

绩效管理包括绩效沟通、绩效考核评价、绩效结果应用、绩效目标提升等多个方面,他们之间相互联系,相互制约,是一个综合的全面协调发展的系统。但是,由于上下级沟通不到位或者考核结果反馈不及时,所以导致很多组织达不到预期目标,表明组织高层在绩效管理方面缺乏有效的管理手段。同时,某些组织对绩效考核结果的应用方式也比较单一。

5.绩效考核结果应用形式化倾向严重

目前,考核多以领导的主观评价而非客观事实为基础,严重影响了考核结果的客观公正。同时,部门领导对考核结果的重视程度不够,往往是一评了事,没有采取措施将考核结果落实到工作中,评与不评一个样,评好评坏一个样,使考核结果流于形式。

二、绩效与培训

近年来,越来越多的组织开始重视对员工的培训。不过,要真正做好培训,让员工认为培训对自己确实有帮助,让组织体会到培训带来的收益,却还是有不少工作要做。具体示例如图7-1所示。

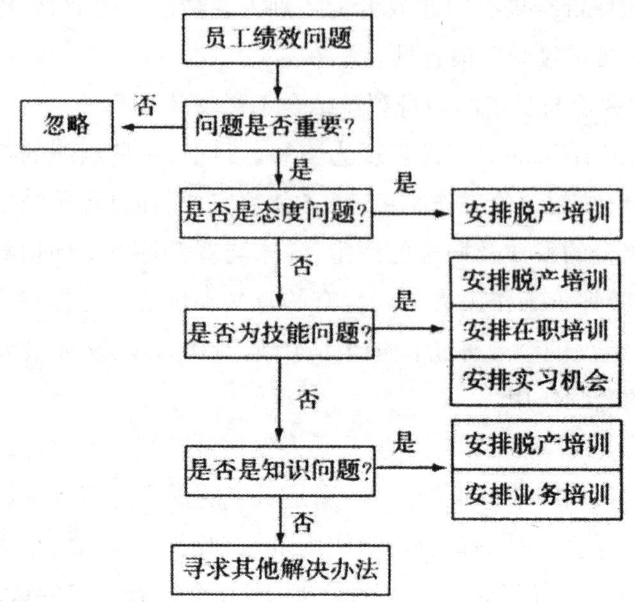

图7-1　基于绩效考核的培训决策模型

图7-1提供了运用绩效考核结果确定员工培训需求的具体思路和过程。在对绩效评价结果进行分析的基础上,要找出产生绩效差距的问题与原因,进而拟订出有针对性的员工培训内容与方案。

(一)绩效与员工需求

把绩效考核结果作为了解员工培训需求的依据,是绩效考核结果最重要的用途之一。在当今时代,如何有效地开发人力资源,最大限度地发挥人力资源的整体效能,是人力资源管理工作的中心任务。通过对绩效考核结果的记录进行分析,管理者可以发现员工和组织存在的问题。员工可以了解自己的绩效状况,进而了解自己哪些方面做得好,哪些方面做得不好,并改进工作中因个人原因所产生的缺陷与不足。当员工清楚自己的薄弱点时,是非常希望组织能够提供机会学习和提高的。因此,组织可以有针对性地了解员工在工作中存在的不足,分析并判断员工的培训需求,为员工培训提供直接、可靠的依据。

(二)绩效与培训计划

因为每位员工都有着不同的个性特点和自身需要,所以组织应对员工进行绩效考核,并根据绩效考核结果确定不同的员工培养目标,为员工制订培训计划,从而根据培训计划对员工进行相关培训。

(三)绩效考核为人力资源开发与培训提供有针对性的依据

我们知道,要想使人力资源开发与培训发挥其应有的作用,必须有针对性,即应针对员工的薄弱环节,使他们能够提高技能。要想了解员工的优势和劣势,就必须对员工进行绩效考核。通过对员工进行绩效考核评价,管理者可以发现员工在培训和发展方面的需要。

(四)人力资源开发与培训的效果可以通过绩效考核来判定

人力资源开发与培训主要是通过提高员工的工作技能来提高他们的工作绩效。因此,检测人力资源开发与培训的效果如何,就可以通过绩效考核来判定。这样做可加强对组织培训开发活动的管理,有助于提高培训开发活动的质量,使组织的人力资本投资取得最大收益。

三、绩效与薪酬

绩效管理实施的成功与否关键在于对绩效考核结果的运用。绩效考核结果应用一般可以归纳为薪酬支付和员工发展改进计划两个方面。第一,以全面薪酬管理模式把员工绩效与个人职业发展生涯结合起来。一方面,强化了员工对组织价值取向的认同,使个人职业生涯得以有序发展;另一方面,通过价值分配的激励功能,使员工个人的职业生涯得以更快地发展,而且个人职业生涯的发展也会反过来促进组织的发展。第二,绩效与薪酬挂钩。绩效是实现组织战略目标的保证。绩效与薪酬挂钩即绩效的薪酬模式目前已得到了人力资源管理业界的认同。但是,绩效薪酬能否发挥作用与绩效指标设计管理和薪酬制度设计关系密切,需要人力资源管理者加以认真研究。

四、绩效与人事管理

(一)绩效考核与人事处理

1.纪律处分

纪律处分是对员工未能遵守已有的规章制度的一种处罚性措施。在绩效考核中,纪律处分必须记录在案,同时对员工的绩效考核成绩会有消极影响。如果员工的绩效考核结果差到一定程度，组织可以采取纪律处分等措施。当然，纪律处分不像解雇那样需要以员工长期的不良行为为依据。有效的处分一般只针对员工的错误行为，而非针对员工本人。

内部员工关系中一个必要但经常很难处理的就是对纪律处分的应用。处分并非管理层的意愿，通常有更多积极的方法可以用来说服员工遵守那些旨在保证实现组织整体目标的规章制度，但对于违反组织制度的行为，则必须予以处分。

处分的目的主要是使员工的行为与组织的规章制度保持一致。建立规章制度就是为了约束员工，使员工朝实现组织目标的方向努力。

2.降职

降职是指把组织人员调动到低职位水平的过程，因此工资也会相应降级。当一个人被降职时，通常会情绪激动，而且被降职的人也会感到失去自尊，所以工作效率可能会进一步降低。因此，使用降职这一方法时应谨慎。一般来说，这种人事调动以绩效考核的结果为依据，如果绩效考核是公正、合理的，其结果也是可信的。也就是说，当员工在绩效考核中的表现超过组织所容忍的限度时，组织有足够的理由采取相应措施。

3.调动

调动可由组织提出，也可由员工申请。调动可以满足调整组织结构的需要。绩效考核可以反映出组织机构设置的情况，所以当组织机构设置不合理，影响整体运营效率时，就可以考虑对组织机构进行调整，相应地就需要有人员的调动。

（二）绩效考核与人员晋升

1.以工作分析确定岗位考核能力

组织应对岗位进行深入的工作分析，做出相关的岗位考核，并制订各岗位的工作标准等。在此基础上，应有目的、有重点地对员工进行系统客观的绩效考核和素质能力测评，建立与日常工作要求一致的晋升制度，并把员工的工作业绩、工作态度、工作能力的考核结果作为晋升的依据。

2.建立科学合理的晋升制度

按工作标准、工作要求、工作所需要的能力建立晋升制度有利于组织发展。对那些工作业绩出色但没有获得晋升的人,组织应该寻找不同于晋升的其他途径来激励员工。一个办法就是双重组织制度,从而使技术水平高的人即使不进入管理层,也可以享受相应的工资报酬;另一个办法是技能工资,即根据员工具备的工作技能的程度来确定工资。

3.领导必须积极参与绩效考核

以晋升为目的的考核,只有在上级主管或者更高层管理者的积极参与下才行之有效。具体地说,作为考核者的上级主管应积极观察,了解被考核者的日常工作行为,然后根据考核标准与被考核者进行沟通。

五、绩效考核结果的其他应用

(一)开发员工潜能

其实,组织建立绩效管理体系,除了要区分出员工绩效的优劣之外,还有一个很重要的功能,即通过分析绩效评价的结果来帮助员工提升技能和能力。当员工绩效不良或绩效低于标准时,也就是说当员工的现有绩效评价结果和组织对他们的期望绩效之间存在差距时,管理者就要考虑是否可以通过培训来提高员工的绩效水平。这时就需要进行分析,如果员工仅仅是缺乏完成工作所必需的知识和技能,那么就需要对他们进行培训。绩效评价系统必须能够让员工了解自己存在的绩效问题,并向他们提供一些可以用来改善这些绩效问题的方法,使员工清楚地了解他们当前的绩效与期望绩效之间所存在的差距,帮助他们找到造成差距的原因,并制订改善绩效的计划。

目前,我国许多组织采用了国外流行的360度绩效考核方法。在360度绩效评价系统中,员工的行为或技能不仅要接受下属的评价,而且还要接受同事、顾客、上级等方面的评价。不过,国外的组织往往是将360度绩效考核用于员工培训与技能开发,而不是直接与薪酬挂钩。因此,这种概念的准确说法是360度绩效反馈,而不是360度绩效考核。360度绩效反馈体系的好处是它从不同的角度来搜集关于员工绩效的信息,可以使员工将自我评价与他人对自己的评价进行比较,帮助员工进行自我能力的评估。

(二)为奖惩提供标准

奖为主,罚为辅,奖惩结合历来是组织管理中的激励原则。只有通过绩效评价,对那些忠于职守、踏实工作、成绩优异者给予物质或精神上的奖励,对那些不负责任、绩效低下者给予惩戒,才能真正鼓励员工向优秀者学习。当然,这种惩处并不意味着不许犯错误,也不是说凡是犯了错误的都要予以惩罚。实际上,对于有上进心的人来说,失败乃成功之母。因此,他们犯错误的次数越多,积累的经验就越丰富,而他们继续创新活动的成果就可能越大。由此可见,对不同的人所犯的错误要区别对待。相反,那些工作平庸、毫无上进心的人,即使不犯错误也要将其从较高的领导职位上调离。

对一个管理人员的评价,必须是全面的、系统的,不能草率地根据一两件事就对某个管理人员的品质、责任心和工作能力做出判断。要知道,正确而恰当的奖惩会营造出:一个欣欣向荣、团结向上的氛围;错误的、不公平的奖惩,则可能会令一个人、一个部门甚至一个单位陷入涣散、颓废的泥潭。

(三)绩效改进

绩效改进是绩效管理过程中的一个重要环节。传统绩效考核的目的是通过对员工的工作业绩进行评估,将评估结果作为确定员工薪酬、奖惩、晋升或降级的标准。但是,现代绩效管理的目的不仅仅如此,员工能力的不断提高以及绩效考核的持续改进才是其根本目的。所以,绩效改进工作的成功与否是绩效管理能否发挥效用的关键。要做好绩效改进工作就必须明确它的指导思想,其思想主要体现在以下三个方面。

第一,绩效改进是绩效考核的后续工作,所以绩效改进的出发点是对员工现实工作的考核,不能将这两个环节的工作割裂开来考虑。由于绩效考核强调的是人与标准比,而非人与人比。因此,绩效改进的需求应当是在与绩效标准进行比较的基础上确定的,而绩效标准的确定应该是客观、公正的。只有找到标准绩效与实际绩效之间的差距(而非员工与员工之间的绩效的差距),才能明确绩效改进的需求。

第二,绩效改进必须自然地融入部门日常管理工作之中。绩效改进不是管理者的附加工作,不是组织在特殊情况下追加给管理者的特殊任务,它是管理者日常工作中的一部分,所以管理者不应该把它当成一种负担,而应该把它看作一项日常的管理任务。

第三,帮助下属改进绩效、提升能力等与完成管理任务一样,都是管理者义不容辞的责任。因此,管理者不应该以“没有时间和精力”“绩效改进效果不明显”等为借口。

(四)用于激活沉淀

随着对绩效考核结果运用研究的不断深入,依据绩效考核结果激活沉淀人力资源专家们总结出的运用绩效考核结果的新方法。绩效考核结果持续不佳的员工逐渐会成为组织的沉淀层,如果不能被激活,将成为组织提升整体绩效的障碍,终会被组织淘汰。要激活组织的沉淀层,组织需要通过建立与强化竞争机制,增加该部分员工的压力,迫使其强化改进绩效的意识,提高其改进绩效的能力。与此同时,组织要向员工提供专项训练机会,帮助员工改进绩效。但是,经过培训仍然不能胜任工作的员工将会被组织淘汰。

激活组织人力资源沉淀这样一个过程,可以给那些绩效不好的员工提供更多的机会,也加大了他们自身的压力。因为对于那些在绩效考核中处于末端的少数员工来说,只有不断改进自身的工作绩效,追赶绩效先进的员工,才可能在竞争中反败为胜。因此,组织在这样一个激活沉淀的过程中是受益匪浅的。一方面,组织通过对员工绩效与能力的激活,可以为提高组织整体绩效奠定基础;另一方面,如果表现不好的员工的绩效不能得到很好的改善,那么组织就可以采取诸如淘汰等一系列措施,分流那些降低组织绩效的员工,所以组织的整体绩效也会大大提高。应用绩效考核结果激活组织人员沉淀的过程具有人性化的特点,所以组织在增加沉淀员工压力的同时,要向他们提供充分的培训机会。

参考文献

[1]安彬,李侠.财务管理理论与实践的风险管理分析[J].老字号品牌营销,2021(02):93-94.

[2]高丹丹.基于ERP环境下集团公司财务管理优化模式[J].财会学习,2021(04):20-21.

[3]雷芳.会计内部控制在企业财务管理中的应用探讨[J].时代金融,2021(02):53-54+58.

[4]李厚辰,基于业财融合的BDT公司管理会计报告优化研究[D].长沙:湖南工业大学,2020.

[5]李怀宝,赵晶,白云.财务管理[M].长沙:湖南师范大学出版社,2018.

[6]李玉波,于荣春,孙玉国,等.财务管理视域下企业会计内部控制对策研究[J].财会学习,2021(04):193-194.

[7]刘波.管理会计在企业财务管理中的应用[J].投资与合作,2021(02):111-112.

[8]刘金翠.浅析大数据背景下财务会计向管理会计转型[J].经济师,2021(02):77-78.

[9]刘丽娟,罗小兰.财务管理[M].长春:东北师范大学出版社,2018.

[10]卢颖,高山,高凯丽,等.财务管理[M].北京:北京理工大学出版社,2019.

[11]彭怡.企业财务管理中精细化预算管理研究[J].中国商论,2021(03):134-135.

[12]唐健.事业单位财务管理的科学化与精细化趋势探究[J].现代商贸工业,2021,42(08):116-117.

[13]王力东,李晓敏.财务管理[M].北京:北京理工大学出版社,2019.

[14]王孟多.对财务会计精细化管理的分析[J].山西农经,2021(02):112-113.

[15]王培,郑楠,黄卓.财务管理[M].西安:西安电子科技大学出版社,2019.

[16]王培培.财务管理[M].沈阳:东北财经大学出版社,2019.

[17]王鹏.A电力公司现金流量管理项目设计研究[D].南京:南京邮电大学,2020.

[18]王旭.大数据背景下建筑企业财务管理发展策略[J].财会学习,2021(04):46-47.

[19]韦绪任.财务管理[M].北京:北京理工大学出版社,2018.

[20]薛白.企业财务管理目标与资本结构优化研究[J].财会学习,2021(04):58-59.

[21]杨希颖.新时代下企业财务管理创新问题探讨[J].山西农经,2021(02):106-107.

[22]叶静.浅谈管理会计与财务会计的融合[J].今日财富,2021(03):104-105.

[23]俞礼华.新形势下财务会计向管理会计转型的实施方式研究[J].今日财富,2021(03):96-97.

[24]张语涵.会计与财务管理的区别与联系分析[J].中国商论,2021(04):162-165.

[25]周艳华.管理会计与财务会计的融合发展研究[J].商展经济,2021(02):104-106.